Eberhard Friedrich Hübner

Franz von der Trenk, Pandurenobrist

Dargestellt von einem Unpartheiischen. Mit einer Geniegeschichte

Eberhard Friedrich Hübner

Franz von der Trenk, Pandurenobrist
Dargestellt von einem Unpartheiischen. Mit einer Geniegeschichte

ISBN/EAN: 9783743497894

Hergestellt in Europa, USA, Kanada, Australien, Japan

Cover: Foto ©ninafisch / pixelio.de

Weitere Bücher finden Sie auf **www.hansebooks.com**

*Du wirst
was du nicht vermuthet finden*

Eberhard Friedrich Hübner

Franz von der Trenk,
Pandurenobrist.

Dargestellt
von einem Unpartheiischen.

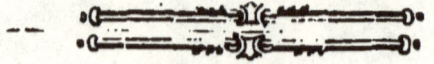

Mit einer
Geniegeschichte
von
Schubart.

Gottlob die leztt Stunde nahet

Nebst einem musikalischen Anhang und Titelkupfer.

Stuttgart,
im Verlag der Gebrüder Mäntler, Buchdrukker.
1790.

Freuden senken sich oft nieder von gauklender
Hofnung Fittig; doch oft täuschet den Erdensohn,
 Leichten Tritts ihn umtanzend,
 Seiner flatternden Lüste Schwarm.

Keine Kunde wird ihm, bis er auf glimmendes
Feuer sezet den Fus! — Hört das gepriesene
 Wort, das einst aus dem Munde
 Menschenlehrender Weisheit scholl;

Gut dünkt Böses, es dünkt böse das Gute dem,
Dessen Sinne verwirrt Gottes vertilgender
 Fluch! Nur fliegende Tage,
 Und ihn hascht des Verderbens Schlund.

Sofokles Antigonä.

Es muß dem Freunde des Vaterlandes gar angenehm seyn, wenn er sieht, daß die Waſſer der Romanensündflut allmählig ablaufen, und die Muſe der Geschichte wieder ein troknes Plätzchen findet, worauf ihr Fuß ruhen kann. Man kann diß unter andern aus dem Abgange ſchlieſſen, den gute, oft nur mittelmäſige Biographien unter uns aufs neue gefunden haben. Es iſt zwar ſchön, oft nicht ohne Nuzen, ſich ins lachende Gebiet der Fantasie zu verirren; daher ist auch der Werth unsrer treflichen Romanen und Märchenschreiber — eines Wielands, Hermes, Nikolai, Jung, — Göthe, Miller, Musäus, Meisner, Weber unverkennbar. Wer wird aber immer, wie Kinder, durch gefärbte Gläschen schauen? Immer dem Don Quixote, wie Sancho, hinten aufsizen wollen, und die blauen Ziegen des Himmels grasen hören, ohne sich wieder nach seiner Heimath zu sehnen, wo alles wahr, würklich, leibhaftig ist!! — „Ich mag der Fabeln und Märlein wohl lesen," sagt der grosse Luther, „aber sie frommen nicht viel, weil man's doch nicht aus dem Sinn bringen kann; Schade, daß diß Alles gelogen ist!" — Möchten wir also immer der guten und gewissenhaft geschriebenen Lebensbeschreibungen recht viele haben, sonderlich von Personen, die von der gemeinen Heerstrasse durchs Leben abgewichen, und sich einen eignen, oft halsbrechenden Fußstaig aufsuchten — er führe zum Ziele, oder nicht; denn beedes ist Belehrung, ist Warnung. Der Vetter Trenks, dessen Name ein in ganz Europa gefeirter Name geworden, gehört gewiß unter die seltensten Menschen der neuern Geschichte. Seine wilde Tapferkeit schrekte selbst die taktfestesten Krieger; unbändige Horden zahm zu machen, dem Löwen in Rachen zu greifen, ihn bei der Zunge zu paken und wegzuschleudern, auf Klippen zu tanzen und sich auf Eichenwipfeln vom Stur-

me schaukeln zu lassen, das war seine Sache,
darzu gab ihm die Natur Stahlkraft und
dreifaches Erz um die Brust. Hingegen hat
sein moralischer Charakter gräuliche Eken,
die der gute Mensch mit Schauer erblikt,
und fast möchte man an seinem Grabmoose
Sofokles Worte zürnen:

> Ihn, der mit frecher Stirne, ungewarnt durch
> Seines Gewissens Schauer, Recht und Unrecht
>   Mischt durch Thaten und Worte;
>   Der die Götter nicht scheut;
>
> Ihn, der den Durst der ungezähmten Lüste
> Und der Gewinnsucht recht vergessend stillet,
>   Der, was heilige Schleier
>   Hüllen, frevlend entblößt;
>
> Ihn, o ihr Götter treffe — —

Nein, ihn treffe nicht der Vergeltung
Racheſtral; das Rufen um Gnade komme
auch ihm zu gut. Wer weiß, was in der
Seele des Mannes in seinen lezten Stunden
vorgieng! — Genug, hier iſt die Vollendung
seiner Geschichte, in der Manier meines Freun-
des, dem das Sanfte, das Frohe, das Gut-
artige, der lichte Scherz, der iovialische Auf-
schrei freilich besser gelungen wäre, als die
Zeichnung eines so wild grossen Menschencha-
rakters, wo die Farben Fauſtdik aufgetragen werden müssen, daß der Titan aus dem
nassen Kalke zu springen scheine.

Meinem Versprechen gemäs., füg' ich
auch diesem Theile eine Familiengeschichte bei,

die zum Gemälde gerade so gehört, wie Albrecht Dürers Müke, die er auf die Nase eines welschen Porträts zeichnete. *)

Marx der Stralbue.

Eine Geniegeschichte.

Es war zu Augspurg, der herrlichen Stadt, die sich mit ihren Thürmen, ihrem Rathhause und andern stattlichen Palläsken so hehr und lieblich auf dem Lechfelde hinstrekt, und

---

*) Die Familiengeschichte des ersten Bandes, Simon von Aalen, ist in der Jenaer Litteraturzeitung, die ich ihrer Unpartheilichkeit, Gründlichkeit und männlichen Tons wegen sehr hoch schäze, von einem Rezensenten beleuchtet worden, der einige darinnen vorkommende Ausdrüke ganz falsch zu verstehen schien. Wenn ich sagte: „das war der erste Schlag! Das der zweite! Das der dritte!" So verstand ich darunter keinen Schlag, keine Paralpse, die den Vater Simon jählings traf und tödete, denn da hätte freilich kein zweiter und dritter Schlag mehr erfolgen können; sondern die jach aufeinander folgenden Schläge und Streiche des Unglüks, die Simons arme Familie trafen. — Gegen den Tadel, der meine Prosa betrift, darf ich nichts sagen; denn da muß ich es auf den Geschmak eines ieden Lesers ankommen lassen. Inzwischen werd' ich, biß mir die Feder entsinkt, der Stimme so billiger Kunstrichter immer horchen.

von ihrer alten Herrlichkeit noch manchen köstlichen Stral bliken läßt, weiland ein Burger, Namens Wunibald Hopfer, seiner Profession ein Bierbrauer, ein Mann, hochstämmig, breitschultrig, und von jener altdeutschen, wurzelfesten, sturmtrozenden Kraft, wovon man auf dem Schwarzwalde und einigen Reichsstädten noch Beispiele findet. Der hatte mit seinem Weibe Barbara, einer dröhnsigen, *) lautschallenden, einfältigen, gutherzigen Schwäbin, zween Söhne gezeugt, denen er die Namen Jakob und Marx gab. Beede wurden mit gleicher Sorgfalt erzogen, man hielt ihnen Hauslehrer und schikte sie in's Gymnasium zu St. Anna; aber der Erfolg war ungleich. Jakobs Seele schien durch Wasser, Marxens aber durch Feuer getrieben zu werden; daher überflog der jüngere Bruder seinen ältern in Kurzem gar weit. Drüber freute sich der Vater herzlich;- denn er selbst war ein Mann, der ausser Valerius Heerbergers Hauspostille und Skrivers Seelenschaz auch weltliche Bücher laß und sonderlich Stettens trefliche Chronik von Augspurg fast auswendig wußte. Sein Sohn Marx that würkliche Genieflüge; er schien nichts zu lernen und wußte doch mehr, als alle seine

---

*) Schwäbisches Provinzialwort, die Völle und Langsamkeit unsrer Aussprache gar gut ausdrükend; daher das Wort ein Dröhnser, welches durch kein andres Deutsches ersezt werden kann.

Mitschüler. Mit ihm prangten seine Lehrer an Examentagen, und der Vater lachte und weinte durcheinander, wenn ihm sein Marx eine Fabel aus Hagedorn deklamirte, oder selbst gemachte kleine Aufsäze vorlas, aus denen Funken des glüklichsten Kopfes aufstiegen Diese herrliche Naturanlage verblendete den Vater so, daß er den Schalk nicht sah, der in seinem Sohne stak. Unflåterei, Unordnung, Lügengeist, Wiederstreben gegen anhaltende, stets wiederhohlte, oft verdrüßliche Geschäfte, Verschwendung, keker Räsoniergeist und frühzeitiger Hang zur Wollust, zeigte sich so deutlich an Marxen, daß seine Mutter, die fromme Barbara oft den Kopf schüttelte und seufzte: „ach Gott, was wird aus meinem Marx werden?" — „Was aus ihm werden?" sagte der Vater, als einmal ein solcher Seufzer laut wurde. „Dumme Berbel, wohl mehr, als du verstehst. In unserm Marx stekt Urlsperger, Bruker und Christel in Einer Person; denn — das ist ein Genie," ein Wort, das eben damals aus den Büchern der Schöngeister in die Bierschenken kam. Bei dem Worte Genie schlug der Vater mit seiner Bärenfaust, die ein massiver silberner Petschierring schmükte, so gewaltig auf den Schenktisch, daß Kannen, Krüg und Gläser tanzten und klirrten. — „In Gott's Namen!" sagte Barbara, „wenn er ein Schenie ist, das ich doch nicht verstehe. Bet und arbeit, sagte mein Vater see

lig; aber das ist doch auch nicht recht, daß
du über dem Buben den Jakob so vergißst;
der ist so fromm, so erbar und bescheiden
und lernt, was er kann." — „Ist 'n Esel,
trägt 'nmal Säk in die Mühle," sagte Vater
Hopfer, und Jakob hörts und weint' in der
Stille. So wuchsen nun die beeden Buben
heran, Jakob von seinem Vater mit dem Na=
men dummer Jakel belegt und Marx mit
dem schwäbischen Ehrenworte der Stralbue
regalirt; iener sollte auf der Wirthschaft blei=
ben, und dieser studieren, obgleich der Vater
nicht in den besten häußlichen Umständen war.
Damals sprach ganz Augspurg von nichts,
als von Neumaiers Kontroverspredigten, *)
und Willibald Hopfers Stralbuben. Das
Bierhaus war immer drangvoll, um den
Wunderknaben zu sehen, der so schöne saftige
Volkslieder — oder, wie sie der Pöbel nannte,
Schelmenlieder sang, das Klavier und die
Zitter spielte, Lateinisch und Französisch sprach,
tausend Schwänke zu erzählen und selbst
die Gäste mit seinem Muthwillen so wizig zu
neken wußte. — Kaum hatte Marx der Stral=
bue das siebenzehnte Jahr erreicht; so hielt
er seine Abschiedsrede bei St. Anna in deut=
schen Versen, daß die Zuhörer flennten und

---

*) Die Kontroverspredigten wurden noch zu meiner
Zeit, als ich mich in Augspurg aufhielt, mit dem tref=
fenden Namen Eselspredigten belegt, weil sie meist am
Palmtage zum Gedächtnis des Palmesels gehalten wurden.

ihn reichlich beschenkten; dann gab ihm sein
Vater einen grossen Beutel mit Baierthalern
und schikte ihn auf die Universität Erlang,
um daselbst die Theologie zu studieren. Hier
trank er gleich an den ersten Tagen mit der
halben Universität Brüderschaft, durchrannte
die Hörsäle, fand den Vortrag der Lehrer,
nach seinem Sinne, pedantisch und troken;
verließ also diese Staubklaussen, wie er sie
sehr genialisch nannte, auf immer und —
studierte für sich; das heißt: er laß Romanen, Komödien, obszöne Schriften, machte
Verse, Pasquillen auf die verdienstvollsten
Lehrer, schlug sich herum, soff sich mehrma-
len zum Pabste, machte Schulden, hielt sich
zu den niedrigsten Menschern und wurde in
Kurzem, ein Abscheu aller Rechtschaffenen —
ein wandlendes Aas. Der Vater schikte ihm
Geld auf Geld; aber der Wallfisch verschlang
Alles. Man sezte ihn grosser Ausschweifungen halber in Karzer; da verkaufte der Vater sein Bräuhaus, das ohnehin schon ver-
schuldet war, kam mit dem Reste des Erlöses
nach Erlang, ließ sich ins Karzer führen,
und — ha, wie trat er zurüke, als er seinen
Liebling Marx den Stralbuben, mit allen
Zerstörungen vor sich sah, die die schändlich-
ste Lüderlichkeit in ihm anrichtete. Blaß wie
ein getünchtes Grab, hohlaugigt, mit Lumpen bedekt, fand er den Liebling seiner Seele
auf der Pritsche. „Warum hast du mir das
gethan? — Marx, willst mich dann ganz

ruiniren? — Deine Mutter hat sich zu tode gekümmert; sie liegt, und ihr ists wohl. — Komm, Marx, komm! Hier ist mein Leztes! Will dich erlösen! O mach mir wieder Freude!" — Marx wälzte sich und löhrte auf seinem Lager; sein Gewissen war aufgeschrekt; er sah den Gerichtsengel stehen vor ihm, und mit dem Flammenschwerde auf einen Thron deuten, auf dem der Richter saß und Blize schüttelte. — „O Vater, Vater, ich bin verdammt!" Diß war's Alles, was er heulen konnte. „Das bist du nicht, bist ia mein lieber Marx! Gelt, du bekehrst dich? — Jesus nimmt die Sünder an. — O Herzensbue, ich höre dich noch predigen und du schreibst noch eine Hauspostill, wie Valerius Heerberger seelig!" — So sprach der Vater, zahlte seines Sohnes Schulden, macht' ihn frei und verließ ihn mit einer Wehmut, die ihm schier das Herz abstieß. — Er kam wieder nach Augspurg und hatte nichts, als einen hagern Gaul und einen Karren, mit dem er sich durch Lohnfuhren nährte. Noch dachte er, mein Marx wird sich besinnen, ich werde noch Freud' an ihm erleben. — Indessen war sein Sohn Jakob nach Zürich gekommen, wo er in einem der angesehensten Gasthöfe, sich bider und treu und redlich betrug, schlecht und recht lebte, ein guter Haushälter war und seines Wandels halber von iedermann geschäzt wurde. Er vernahm seiner Mutter Tod und seines Vaters Dürftigkeit. Da un-

terstüzte er seinen Vater von seinem Erspar=
ten, und der getäuschte Vater konnte nichts
dagegen thun, als in seinen thränenfeuchten
Briefen sagen: „o Jakob, du bist mein En=
gel worden, und Marx mein Teufel." —
So war es auch; denn Marx, der Unhold,
fieng bald sein böses Leben wieder an, ver=
wundete einen Studenten im Zweikampfe und
wurde relegirt. Hier durchstreifte er die Welt
in verschiedenen Gestalten — war Husar,
Schauspieler, Wochenschriftler, Kopist bei
verschiedenen Gelehrten, Hauslehrer, Fourier,
Hanswurst bei einem Zahnarzte, Landstrei=
cher; kam ins Gefängniß, mußte Gassen lauf=
fen und wurde so, wie ein besudelter Ball
aus einer Hand in die andre geworfen —
Krankheiten, die er sich mit Ausschweifungen
zuzog, Gewissensbisse, Mangel, Verachtung
machten ihm das Leben zur Hölle. Oft schwin=
delte er an der Kluft des Selbstmordes; aber
der Gedanke: auch dort bist du wieder! Dei=
nem scheußlichen Ich näher, als hier! — Dieser
Gedanke — oder die lezten Gebete seiner ster=
benden Mutter für ihn und des Vaters Jam=
mergestön rieß ihn zurük von dieser gähnen=
den Kluft. — Jakob war indeß in seine Hei=
math zurükgekommen. Gesundheit und See=
lenfrieden stralend, trat er zu seinem Vater,
bot ihm die Rechte und schwieg. „Ich habe
Marx mehr gesegnet, als dich! Aber, ach,
er ist verloren! Daß ich so dumm war und
mich von dem Stralbuben betrügen ließ!" —

An Schädel schlug sich der Alte, indem er diß sprach. „Vater, was mein ist, ist euer! Betrübt euch nicht!" — So Jakob. Er hatte ein Schweizermädchen zu seiner Braut erkießt, die ihm mit einer ansehnlichen Mitgift nachzog, weil sie sah, daß sie mit einem Manne glüklich seyn mußte, der gottesfürchtig, fleissig, ordentlich, reinlich, sittiglich und treu war. Die Gesundheit, die auf seinen Wangen blühte, war eine Folge seiner Keuschheit, denn er war blöde, wenn er ein Mädchen sah; weil er immer dachte: Verlieben und sich heirathen müsse Eins seyn. Damit lachten ihn die andern Keller aus, die sich rühmten, Menscher zu haben, zu spielen und bei heimlichen Zusammenkünften die ihren Herren abgetragenen Weine und Viktualien zu verschmausen. Dafür waren sie auch meist Siechlinge, hatten oft garstige Krankheiten und — prahlten sogar damit. Es ist ein Zeichen des tiefsten Verfalls, wenn man Tugenden lächerlich macht, wie Keuschheit und Mäßigkeit, die uns doch Gesundheit und langes Leben gewähren, hingegen mit Lastern prangt, wie Hurerei und Lüderlichkeit, die uns oft nach Leib und Seele zu Grunde richten. Nicht so Jakob; der war zwar kein hochfliegender Geist, dessen Talente, wie Blize bleudeten, aber ein stiller, guter, brauchbarer Mensch, ganz so, wie Lichtenberg im köstlichen Büchlein von der Ehe, den Mann schildert, der seines Weibes Ehre und Wonne seyn soll. Das fühlte die edle Schweizerin, darum machte sie das Glük seines Lebens, wie er das ihrige. Jakob war ein eben so guter Bürger, als Sohn und Ehemann; darum schäzte ihn die Obrigkeit und die ganze Bürgerschaft ehrte und liebte ihn. Sein Wirthshaus wurde von all denienigen besucht, die gute Aufwartung, vernünftige, heitere Freude, entfernt vom bacchantischen Lerme wilder Schwelger, Ordnung und Reinigkeit liebten. Auch Fremde besuchten seine Heerberge häufig, und Jakob war bald ein reichlich gesegneter, stattlicher glüklicher Mann, und hatte all diß nicht seinem Genie, sondern ganz seiner Tugend und seinem Fleiße zu danken. Sein Vater wurde todtkrank; er ließ seinen Jakob holen und sagte sterbend: „ich soll heim, Jakob, der Vater ruft mir. Ich folge mit Freuden; denn ich hab' auf der Welt viel Kummer gehabt; auch meine Thränensaat wird zur Erndte im Himmel reifen. Nur Eines schmerzt mich. Marx hat meinen ersten Seegen; du nur den zweiten. Wo er iezt herum irren mag, der Wildfang? — O Gott, bring ihn durch Elend zu dir! — Der Seegen des himmlischen Gebotes, „ehre Vater und Mutter," ruht schon auf dir, Jakob. Dir geht es wohl und du wirst lange leben in der Stadt deiner Väter. Mög auch der Lohn der Ewigkeit dein seyn! Er wird es; wenn du auch so ein guter Christ bist, wie du Bürger warst." — In stillen Herzensgebeten, gesalbt mit seines Sohnes Thränen, entschlief der Alte. Jakob weinte bitterlich an seines Vaters Grabe; aber das Gefühl in ihm war sein Trost: du hast als Sohn an ihm gehandelt. Einige Monate nachher gieng er mit seiner Gattinn auf die sieben Tische, wo in einem lieblichen Waldbusen der Freundschaft und Freude von den Städtern so manches lautschallende Fest gebracht wird; da begegnete ihm auf dem Weege eine Bettelfuhr, wo dem mitleidigen Jakob sogleich eine auf Stroh liegende, jämmerliche Menschenfigur in die Augen fiel. Das bleiche Antliz trug die Spuren der Zerstörung, die Ausschweifung und die Furie Gewissensangst in ihm anrichtete. Sein hohles Auge blikte stier gen Himmel und schien zu sagen: hier ist keine Stätte für mich. Sprechen konnt' er nicht, nur fürchterlich seufzen. — „Halt Fuhrmann," schrie Jakob, als er die Jammergestalt erblikte; „wer seid ihr Freund?"

Der Fremde.

Ein Scheusaal — dem das Leben Quaal, der Tod — Eingang in die Hölle ist.

Jakob.

Ihr ringt mit der Verzweiflung. Seid Ihr ein Christ? —

Der Fremde.

Sehen Sie mich nicht an mit diesem Auge voll Erbarmung; ich bin Ihres Mitleids unwerth. Ach, ich kannte die Seeligkeit des Christenthums; aber ich sties sie von mir durch einen lästerlichen Wandel. — O Mann mit dem Auge voll Trost; reich mir einen Trunk Wassers; dann laß mich sterben und gebeut einem Taglöhner, daß er mich einschaufle — daß es mir Kühlung sei in meinem glühenden Jammer — in vaterländischer Erde zu verwesen.

     Jakob.
Was seid Ihr für ein Landsmann?
    Der Fremde.
Dort wo der Perlachthurm sich thürmt — nicht weit davon ist die Stätte meiner Geburt.

     Jakob.
Dein Vater?
    Der Fremde.
Wunibald Hopfer.
     Jakob.
Also Marx mein Bruder?

Laut schluchzte Jakob auf — und Marx frug mit gepreßter Angst: „Lebt mein Vater noch?" — „Er ist begraben, sagte Jakob, und hat dich gesegnet, als er starb." Jakob befahl nun dem Fuhrmanne vor einem Wirthshause ausser der Stadt zu halten; hob sanft seinen Bruder vom Bettelkarren, bracht' ihn in einer Kutsche in die Stadt und verpflegte ihn brüderlich. Aber die Hektik hatte Marxens Lunge zerfressen; er keuchte dem Grabe zu. Mit der büssenden Angst des Sünders lebte er noch wenige Monate. Sein Leben gieng vor ihm vorüber mit allen Greueln

der niedrigen Lust. Er sah gähnende Gespenster
mit Schlangengeisseln bewafnet, die bleiche
Mutter in der Mitte und den blassen Vater.
Jesus nimmt die Sünder an! war sein ein=
ziger Halt. Dran hielt er sich fest, als er
starb, und mit der lezten Thräne dankbar
seines Bruders Hand beträufte. An seiner
Eltern Seite schläft er nun und hinterläßt
der Welt die Lehre, daß Geistesgaben ohne
Ordnung, Fleiß, Richtung und Gebrauch
zum allgemeinen Besten — für Erd' und
Himmel nichts gelten; und daß auch hier
das kleine, wohlverwendete Scherflein vor
Gott mehr vermöge, als glänzende, theils
vergrabene, theils verschleuderte Geistespfunde
Marx sang kurz vor seinem Ende:

   Mir winkt der Tod!
Durch meine Laster rief ich ihn herbei
   Ich selber habe
Die Sense ihm gewezt.

   Als Knabe wuchs
Zum blütenvollen Jüngling ich heran.
   Zu einer Eiche
Hab' ich empor gestrebt.

   Es säuselte
In meinem Wipfel Geist von Gott gesandt,
   Ein Himmelsrufer
War der gesandte Geist.

   Doch Lüsteschwarm
Umhüpfte mich mit Larven bunt gemahlt.
   In Sümpfen tanzte
Ich mit der bunten Schaar.

XVIII

    Mein Genius
Streckt' oft vor mir den Warnefinger aus.
    Doch ich, Betrogner,
Verschmäht' den Warnenden.

    Da taumelt, ich
Von einer Pfüze zu der andern fort.
    Der Geist der Gnade
Entwiech; ich war allein.

    Als Bettler kam
Ich elend an in meiner Väter Stadt.
    Des Bruders Rechte
Hat liebreich mich gepflegt.

    Das lohn ihm Gott!
Ich aber eile meinem Richter zu.
    Der wird mich fragen:
„Sprich; wie hast du gelebt?"

    Ich schweige dann;
Und falle nieder vor dem Richtenden.
    Geschrei um Gnade
Ist dann mein erster Ruf.

    O Jüngling, hast
Du Aetherfeuer tief in deiner Brust;
    So wirds die Flamme
Wenn du es Gott nicht weihst.

Stuttgart, im Dezember 1789.

                                       Schubart.

Erstes Kapitel.

Ohne welches das zweite Kapitel nicht bestehen könnte.

Unmuthig, sich nun zum zweitenmal in der schönsten Hofnung, Ehgemal zu werden, getäuscht zu sehen, kam unser Held wieder bei Donauwörth an. Ein Glük für ihn war's, daß ihn öffentliche Geschäfte nicht lange über seine Herzensangelegenheiten nachdenken liessen, sonst würd' er vielleicht Stof zum schauerlichsten Trauerspiel gegeben haben. Aber so wekt' ihn das Kriegsgetöse aus seinem Taumel. Die Armee brach den 14. September von Donauwörth auf, und sezte ihren Marsch durch die Oberpfalz nach Böhmen fort, unter Kommando des Marschalls G. v. Traun,

weil Prinz Karl nach Wien abgegangen war.
Nadasti und Trenk formirten die Avantgarde,
und suchten sich an der Donau festzusezzen. Neu=
burg war ein wichtiger Posten, dessen sie sich be=
meistern mußten, wenn sie ohne Gefahr weiter
vorrükken wollten. Trenk, um den Ort ohne
Blutvergießen einzunehmen, gebrauchte folgende
Kriegslist. Er und noch einige Offiziere nahmen
Postchaisen, und erschienen so vor den Pforten
Neuburgs. Auf Befragen, wer sie wären, ga=
ben sie sich für kaiserliche und pfälzische Offiziers
aus, welche Geschäfte halber durchpassiren müß=
ten. Die Posten waren unvorsichtig genug, ih=
nen ohne weitere Untersuchung die Thore zu öf=
nen. Denn kaum waren sie geöfnet, als die ver=
kleidete Passagiers aus dem Wagen sprangen, die
Wachen entwafneten, und die Thore so lang of=
fen hielten, bis 200. Husaren nebst 1700. Mann
regulirter Truppen nachgekommen waren, welche
in die Stadt eindrangen, und die pfälzische Be=
sazung, die aus einigen hundert Mann Landmi=
liz bestand, samt und sonders zu Kriegsgefange=
nen machten. Diese kühne Unternehmung ver=
droß den Kurfürsten so sehr, daß er deshalb die
bittersten Klagen am Wiener Hof führte, welcher
ihm aber den Beitritt zur Frankfurter Union ent=

gegen hielt, und sich dadurch genugsam rechtfertigte. Neuburg und Sulzbach mußte 300,000. Gulden Brandschazzung zollen, uud Trenk säumte sich nicht, dieselbe mit aller militärischen Strenge einzutreiben, gleich als wenn er geahndet hätte, daß die Oestreicher nicht lange Meister von dieser Gegend bleiben würden. In Donauwörth waren einige hundert Panduren und Kroaten unter Kapitän Brodanowiz zur Besazung zurükgelassen worden; als die Hauptarmee weiter fortrükte. Diese machten dem Feind bei der nachherigen Emportirung des Orts nicht wenig zu schaffen. Denn als sie sahen, daß sie die Stadt gegen die Uebermacht der einbringenden Kaiserlichen nicht länger würden erhalten können, zogen sie sich in guter Ordnung über die dasige Brükke in ihre Retranchements zurük, und feuerten ganzer 6. Stunden, so lang, bis sie alle Patronen verschossen hatten, worauf sie sich endlich mit geringem Verlust nach Nordheim retirirten, nachdem die Feinde 4 = 500. Mann verloren hatten. Trenk nahm hierauf Sulzbach und Neumark, welche die Kaiserlichen besezt hatten, mit stürmender Hand ein. Und nun gieng der Marsch über Dietfurt und Burglengenfeld nach Waldmünchen, dem lezten bairischen Grenzort an Böhmen. Nur mit einem schwachen Korps von 1600. Mann blieb General Bärenklau in Baiern zurük, um dem Graf Sekkendorf den Paß stritig zu machen, wenn er, wie es auch geschah, während die übrigen Oestreicher mit den Preussen in Böhmen zu schaffen haben würden, Baiern wieder zu erobern suchen wollte.

Zweites Kapitel.

Welches von dem vorigen nicht gar verschieden ist. Und worinn die Leser böhmische Dörfer finden werden.

Den 24. Sept. betraten die Oestreicher das Königreich Böhmen, wo sie ihre Sache in einer schlimmen Lage fanden. Die Preussen hatten fast das ganze Land überschwemmt, und die Hauptstadt Prag selbst im Besiz. Besonders hatten sie sich in dem Pragenser Kreiß wol postirt, und alle haltbare Pläze, Tabor, Tein, Frauenberg und Wodnian, stark besezt; und sich hinter den dasigen Bächen, Seen, Morästen und Gräben wol verschanzt. Ihre Hauptarmee selbst hatte ein sehr vortheilhaftes Lager bei Tabor hinter Wodnian bezogen. Dem ungeachtet gieng es ihnen nicht nach Wunsch. Denn ihrem Plan gemäß hätten die Franzosen und Kaiserlichen nicht müssige Zuschauer bei dem Rükmarsch der Oestreicher über den Rhein aus dem Elsas abgeben, sondern dieselben verfolgen, und sie abgemattet den Preussen in die Hände jagen sollen, daß sie zwischen zwei Feuern aufgerieben worden wären. Der

Weg nach Wien wäre sodann leicht gefunden worden. Um so mißmuthiger waren also die Preußen, als die Oestreicher im Pilsner Kreis ankamen, und immer näher zu ihnen anrükten. In Teiniz übernahm Prinz Karl das Oberkommando wieder, und führte sodann die Armee nach Boritsch, weil er im Sinn hatte, auf diese Weiße der Stadt Prag zu nahen und die Preussen von derselben abzuschneiden. Diese hingegen brachen von Tabor auf, und zogen sich nach Bechin, den Oestreichern näher, und breiteten sich zugleich weiter nach Budweiß zu aus. Prinz Karl aber wendete sich nun gegen den Pragenser Kreiß selbst, und rükte den 2ten Okt. in demselben ein. Nadasti, Ghilani und Trenk führten die Vortruppen, und kamen dem Feind ziemlich nahe, weil sie gegen den Bechiner Kreiß zu marschirten. Prinz Karl gieng mit der Hauptarmee bis an das Städtchen Mirotiz, und breitete sich links 2. Meilen lang aus. Der rechte Flügel aber stieß an das Dorf Czerhoniz, wo bereits General Bathyani, der sich inzwischen glüklich gegen die Uebermacht der Feinde erhalten hatte, mit seinem Korps von 20,000. Mann postirt stand. Nach dieser glüklichen Verbindung waren nun die Oestreicher 66,372. Mann stark, ohne die irregulären

Truppen. Ueberdiß schlugen sie ein sehr vortheilhaftes Lager. Vor ihnen lag der Moldaufluß, und über demselben ein dikker Wald. Der rechte Flügel ward durch die Ottowa und verschiedene Berge, Sümpfe, Bäche und durch das veste Bergschloß Klingenberg gedekt. Die Preussen waren indeß von Bechin nach Tein gerükt, giengen daselbst den 4. Okt. über die Moldau herüber, und lagerten sich bei dem Dorfe Tzirnau, wo sie bis zum 7. Okt. still lagen. Hier machte Trenk seine Panduren zuerst mit den Preussen bekannt, und selten vergieng ein Tag, daß sie einander nicht mit blutigen Köpfen nach Hauße geschikt hätten. Besonders sorgte er dafür, daß die Feinde in der grösten Diät leben mußten, indem er ihnen die Zufuhr, wo nicht gänzlich abzuschneiden, doch genugsam zu erschweren suchte, welches er um so leichter thun konnte, da die preussischen Magazine meist oben an der Elbe zu Pardubiz und in der Gegend, folglich ziemlich weit von ihrem Lager, entfernt waren. Dieses und die Desertion der Soldaten, welche tagtäglich zunahm, that den Preussen einen empfindlicheren Verlust als wenn sie eine blutige Schlacht verloren hätten. Auf einem dieser Ritte bewies einmal Trenk, wie unerschrokken er den augen=

scheinlichsten Gefahren entgegen gehen könnte. Er. hatte damals nicht mehr als 25. Husaren und den Kornet de Fin bei sich. Dieser wagt' es mit 4. Husaren ein feindliches Piquet von 40. Mann und einem Lieutenant anzugreifen. Der preussische Offizier aber empfieng ihn so gut, daß er auf der Stelle die Flucht ergriffen haben würde, wenn ihn nicht ein Husar, der ihn am Ermel erwischt hatte, zurükgehalten hätte. Trenk, der die Gefahr seines Kornets von weitem sah, sprengte mit seinen 21. Husaren herbei, jagte mit diesen die 40. zurük, und rettete dem tollkühnen Jüngling noch zu rechter Zeit Freiheit und Leben. — Inzwischen kam auch noch ein beträchtliches sächsisches Hülfskorps herbei, sich mit den Oestreichern zu vereinigen. Der König von Preussen fand deßhalb für gut, wieder über die Moldau zurükzugehen. Die Besazungen von Wodnian, Protiwin und dergl. wurden zurükgezogen, und den 8. Okt. marschirten die Preussen bei Grostemelin und Tein über die Moldau. —

Drittes Kapitel.

Worinn ein Ungenannter unsern Helden Lügen straft.

Aber ungehindert sollten sie die Moldau nicht passiren. Ghilani hatte kaum ausgekundschaftet, was die Feinde für Bewegungen machten, als er die Obristlieutenants Hebendanz und Schwaben beorderte, der feindlichen Armee auf zwei Seiten mit 500. Pferden bis Tein nachzusezen. Diese aber fanden nicht nur disseits der Moldau die gesamte feindliche Macht, sondern auch jenseits die Arriergarde derselben noch gelagert. Sie zogen sich deswegen gegen Grostemelin zurük. Den nemlichen Abend kam Trenk mit seinen Panduren daselbst an, und blieb die Nacht hindurch in einem nicht weit davon gelegenen Walde. Den folgenden Morgen brach auch Ghilani mit seinem Korps auf, und gedachte das bei Grostemelin neu ausgestekte Lager zu beziehen. Da er aber unterwegs vernahm, daß sich die Feinde von Tein gegen Bechin gewendet hätten, und die sämtliche zu Grostemelin übernachtete Truppen ihm nachgefolgt wären, fand er für nöthig, die Führung des Korps dem General Morocz zu überlassen, und sich für seine Person zu den schon vorwärts bei Tein stehenden Leuten zu begeben, und den Marsch des von Wodnian schon im Anzug begriffenen Korps zu beschleunigen. Trenk aber erhielt Befehl bis zur Ankunft desselben mit einem Pandurendetaschement, 200. feindliche Grenadiers, die sich in die vor der Brükke bei Tein aufgeworfene Schanze postirt hätten, zu allarmiren. Er behauptete auch troz des beständigen Kanonirens und heftigen Feuers der preussischen Grenadiers den ihm anvertrauten Posten nicht nur mit ausnehmender Tapferkeit, sondern seine Panduren hatten noch vor Ankunft der Infanterie schon so viel Erdreich gewonnen, daß sie die feindliche Grenadiers zur Flucht über die Brükke nöthigen und an Verbrennung derselben verhindern konnten. Nun veranstaltete Ghilani einen Angrif von allen Seiten auf folgende Art. Trenk mußte auf die Brükke losgehen, und General Minsky marschirte ihm nach, ihn zu unterstüzzen. Die Festetizische Brigade wendete sich links unterhalb der Stadt. Oberhalb passirte der Esterhasysche Obristlieutenant Hänblein mit ungefehr 300. Pferden die Moldau. In der Mitte sezten die beiden Obristlieutenants Hebendanz und Schwabe mit ihren Leuten über, und griffen also den

Feind von 3. Seiten an. Zur Unterstützzung der
Festetizischen Brigade, Händleins, Schwabes und
Hebendanz, waren Obristlieutenant Herberstein,
Oberhauptmann Lanius mit den Sauströmern und
andern bereit. Trenk bemeisterte sich in kurzem
der Brükke, und nöthigte ein preussisches Grena=
dierbataillon, sich mit nicht geringem Verlust
gänzlich zurükzuziehen. Dem ungeachtet verei=
nigte sich die feindliche Kavallerie und Infanterie
auf einer dort gelegenen Anhöhe. Trenk aber
verfolgte mit seinen Panduren den Feind mit
unausgeseztem Feuer und brachte die gegenseitige
Flanque in nicht geringe Verwirrung. Da aber
der linke östreichische Flügel wegen einigen be=
schwerlichen Defileen einen Umweg nehmen muß=
te, und folglich nicht zu gleicher Zeit angreifen
konnte, nuzte dieses der Feind, und brach mit
seiner ganzen Macht auf den Obristlieutenant
Händlein los, welchen er auch über den Haufen
geworfen haben würde, wenn ihm nicht zu rech=
ter Zeit Hebendanz und Schwabe zu Hülfe ge=
kommen wären. Inzwischen rükte auch der linke
östreichische Flügel an. Da aber wegen einfallen=
der Nacht im Finstern Freund und Feind unter
einander geriethen, und ganze preussische Eska=
drons, bei welcher Gelegenheit auch der Rittmei=

ster Graf Dohna gefangen wurde, sich mit den Oestreichern vermengt hatten, fand man zu Vermeidung aller Unordnung für nöthig, diesem Gefecht ein Ende zu machen. Der König brach zwar selbst den Seinigen zu Hülfe von Bechin auf, allein er kam zu spät, um noch an dem Gesecht Theil nehmen zu können, und nöthigte die Oestreicher blos, sich in etwas zurükzuziehen. Zweihundert Mann noch hatten die Preussen bei ihrem Tags darauf erfolgten völligen Abzug in Tein zurükgelassen, welche sich verzweifelnd bis aufs Aeusserste wehrten. Mit Feuer und Schwerd nöthigte sie Trenk, sich endlich zu ergeben. Aber nur 40. davon blieben am Leben, welche zu Gefangenen gemacht wurden. Die übrigen alle wurden in Stükken gehauen, da sie keinen Schritt von dem Ort, den sie so standhaft vertheidigten, weichen wollten. „Bei andern Gelegenheiten," sagt Trenk, „hab' ich mich mit fleischernen Leuten herumgeschlagen, aber dißmal glaubt' ich mit steinernen Menschen zu thun zu haben, welche zwar sterben, aber nicht zurükweichen konnten." Die in Tein gemachte ansehnliche Beute theilte Trenk unter seine Leute als Belohnung ihres Diensteifers und Aufmunterung zu künftigen Strappazzen aus. Uebrigens erzählt der Ungenannte in seinen authentischen Anmerkungen diese Affaire ganz anders, und sagt, daß in Tein keine preussische Kasse, geschweige 200. Mann zurükgelassen worden seien. Ob nun der Ungenannte oder unser Held die Grenzlinie der Wahrheit überschritten habe, lassen wir der Gefälligkeit unserer Leser, eins oder das andere oder keins von beiden zu glauben, anheim gestellt, und fahren in unserer Erzälung ruhig weiter fort. Die Preussen giengen den 12. Okt. von Wesseli, Soblesslau und Bechin bis nach Tabor zurük, und Nadasti, Ghilani und Trenk unterliessen abermals nicht, der feindlichen Arriergarde, wo sie konnten, Abbruch zu thun.

Viertes Kapitel.

Worinn sich der Held als Meister in seiner Kunst zeigt.

Den 5ten Okt. brach auch die östreichische Hauptarmee aus ihrem bisherigen Lager bei Czerhoniz auf, und dehnte sich weiter die Moldau hinauf bis an das Dorf Schemeslize aus. Hier ward eine neue Schlachtordnung formirt und diese Stellung bis zum 15. Okt. beibehalten. Nur das Corps de reserve gieng in der Gegend von Mirowiz auf 3. Brükken über die Moldau, und postirte sich anfangs bei dem Dorf Kostelez, bald darauf aber bei dem Städtchen Mühlhaußen, einige Meilen von Tabor und eben so weit von dem Feind, welcher bei Tabor ein sehr vortheilhaftes Lager bezogen hatte. Um diese Zeit war es, als sich Trenk im vortheilhaftesten Lichte von Seiten des Kriegers zeigte. Ihm ward es aufgetragen, aus zwei wichtigen Pläzzen, Budweis und Frauenberg die Preussen zu vertreiben, und mit Ehre führte er den Auftrag aus. Budweis ist eine ziemlich grosse in etwas bevestigte Stadt

in dem Bechiner Kreiß, an den Grenzen von
Oberöstreich, nah an der Moldau, wo der Mal=
scheefluß sich mit ihr vereinigt, und 16. Meilen
von Prag entfernt. Trenk hielt anfangs, den
Ort nur bloquirt. Da ihm aber die Zeit zu lang
ward, wagte er den 21. Okt. vor Mitternacht
einen sehr hizigen Angrif. Die Panduren, wel=
che, wie der schon oft genannte Ungenannte sagt,
5. Aimer Brantenwein ausgesoffen hatten, und
durch einen eben so besoffenen Pfaffen eingeseg=
net worden waren, liessen sich nichts abschrökken,
durch die Moldau zu watten, welche die Preus=
sen durch einen Damm erhöht hatten, um sich
gegen alle Angriffe zu sichern. Viele ersoffen
elendiglich in dem aufgeschwollenen Strom, aber
dennoch, sagt Trenk, war ihr leztes Feldgeschrei:
„Maria Theresia." Uebrigens behauptet der Unge=
nannte, daß Trenk sie mit gezücktem Säbel in
den Flus hineingenöthigt und den Kern seiner
Leute bei diesem Vorfall muthwillig aufgeopfert
habe. Denn ausser dieser physischen Unbequem=
lichkeit that die preussische Garnison verzweifelten
Widerstand. Die Bestürmung dauerte 5. ganzer
Stunden, und Trenk zählte bereits 10. todte
Offiziers und gegen 200. Mann theils Verwun=
dete, theils Getödtete. Da er dem ungeachtet

nicht nachließ, so sahen sich endlich die Preussen genöthigt, Chamade schlagen zu lassen. Der Kommandant begehrte zwar einen 6. stündigen Stillstand; allein Trenk weigerte sich, ihm denselben zu verstatten, und legte ihm folgende Kapitulation vor: daß die ganze Garnison zu Kriegsgefangenen gemacht, das Ober= und Untergewehr samt Patrontaschen und Hauben abgelegt, auch alles, was dem König in Preussen zuständig wäre, ihm übergeben werden sollte, und die Offiziers allein ihr Untergewehr behalten dürften, und daß endlich die Garnison alle zu Budweis verübte Schäden und Unkosten vergüten müßte, und zu dessen Versicherung der Kommenbant selbst und der Ingenieurhauptmann als Geisseln zurükbleiben sollten. So unangenehm den Preussen diese Bedingungen waren, so ergaben sie sich doch, aus Furcht, alle niedergehauen zu werden. Allein hätten sie gewußt, daß sie stärker, als der sie angreifende Feind wären, so würde es unserm Helden übel bekommen seyn. So aber kam ihm die Dunkelheit der Nacht treflich zu statten. Die ganze Garnison bestand aus dem Fusilierregimente des Generalmajors von Kreuz, und war ungefehr 900. Köpfe stark. Diese mußte den andern Morgen frühe Kompagnieweiß aus der Stadt

abmarschieren, und Angesichts seiner Panduren
ihr Gewehr und Müzze niederlegen. Trenk glaub=
te sich nemlich auf eine solche Art an den Preus=
sen rächen zu müssen, welche ihm und seinen Pan=
duren noch immer die gehässigsten Titel beileg=
ten, und kurz vorher einige seiner Untergebenen,
als Kriegsgefangenen, zum Gelächter der gan=
zen preussischen Armee gemacht hatten. Er be=
fahl daher seinen Panduren, daß sie sich zum
Zeichen ihres sauer erfochtenen Sieges in die den
Feinden abgenommene frische Beute kleiden soll=
ten. Gerne warfen sie ihre Kapuzen hinweg und
sezten die preussischen Hauben auf. Aber lächer=
lich war es, die Panduren in den preussischen Fü=
seliermüzzen paradiren zu sehen, welche mit ihrer
kleinen körperlichen Statur einen sonderbaren Kon=
trast machten. Nach dieser glüklichen, übrigens
für unsern Helden theuer erkauften, Unternehmung
eilte er mit seinen Panduren gleich den andern
Tag nach Frauenberg. Dieses fürstlich schwar=
zenbergische Schloß liegt gleichfalls an der Mol=
dau, eine gute Meile unterhalb Budweis, und
machte einige Jahre vorher dem Fürsten von Lob=
kowiz ziemlich viel zu schaffen. Unser Held, so=
bald er davor kam, forderte die Besazung, die
mit dem Major Konrabi aus 600. Mann bestand,

auf. Anfangs schien sie sich aufs äusserste vertheidigen zu wollen, als es aber Trenk glükte, ihr das Wasser gänzlich abzuschneiden, so mußte sie sich gern oder ungern bequemen, die nemliche Kapitulation, die er Budweis vorgeschrieben hatte, einzugehen. Den 23. Okt. zogen also die Preussen auch aus dem Frauenberger Schlosse und strekten das Gewehr vor ihm. In dem Schlosse selbst fand er einen beträchtlichen Vorrath an Lebensmitteln und Munition. Prinz Karl war über beide eben so plözlich als muthig ausgeführte Unternehmungen unsers Helden höchst erfreut, und ertheilte ihm unter anderem die Erlaubniß, sein Pandurenkorps in ein reguläres verwandeln zu dörfen. Aber Trenk, welcher glaubte, daß es für ihn so wol als seine Monarchin zuträglicher seyn würde, in der bisherigen Verfassung zu bleiben, bedankte sich für dißmal höflich der Ehre, ohne sie jedoch gänzlich auszuschlagen. Durch Verlust dieser Pläze wurden die Preussen genöthigt, sich nach und nach ganz aus dem Bechiner Kreis zurükzuziehen. Sie verliessen gar bald die Städte Plaz, Königsek, Neuhaus, Wesseli, Reschüz, Kameniz, Czernowiz, u. s. f. meist durch die Panduren genöthigt, und den 24. Okt. war kein einziger Preusse mehr im ganzen Bechiner Kreiß zu sehen, denn am 23. Okt. hatte auch Obrist Kalnein mit 1700. Mann Besazung zu Tabor das Gewehr strekken, und sich den Oestreichern ergeben müssen.

Fünftes Kapitel.

Worinn den östreichischen Generals der goldene Spruch: „wenn dich die böse — lokken, so folge ihnen nicht!" — zu rechter Zeit beifällt.

Indeß war den 15. Okt. die östreichische Hauptarmee an verschiedenen Orten vollends über die Moldau gegangen, und Prinz Karl schlug das erste Lager bei den Dörfern Klusseniz und Kostelez, den 16. aber das zweite bei Chlumez im Moldauer Kreiß, noch 7. Meilen von Prag. Beide feindliche Armeen standen nun ziemlich nahe beisammen. Denn der König von Preussen hatte für rathsam gefunden, den Oestreichern auf der Seite nachzufolgen, und war mit seiner ganzen Armee bis Beneschau im Kaurzimer Kreis, dißseits der Zassawa marschirt. Dort bezog er wieder ein sehr vortheilhaftes Lager, welches besonders durch die Zassawa wolgedekt wurde. Sein rechter Flügel sties an Beneschau, der linke aber an Bistriz. Die Preussen blieben bis zum 23. Okt. allda stehen, und bauten über ihre Zelten Strohhütten, und vor jeder Kompagnie eine Feuer=

hütte, um sich gegen die Kälte zu schüzzen. Wäh=
rend deß hatte sich auch die östreichische Armee
den 20. noch weiter hinunter in dem Moldauer
Kreiß ausgebreitet, und das Hauptlager nach dem
Bergschloß Wossoczan verlegt. Den 22. vereinig=
ten sich 20,000. Mann sächsischer Hülfsvölker un=
ter Anführung des Herzogs von Sachsen=Weis=
senfels mit derselben, und machten sodann den
linken Flügel aus, welcher sich an das Dorf Ho=
diebiz anschloß. Beide Armeen waren nun so na=
he an einander gerükt, daß eine Hauptbataille
unvermeidlich schien. Eben damals kam Trenk
wieder mit seinen Panduren bei der Hauptarmee
an, und mußte nebst General Nadasti mit der
Avantgarde den Posten Neweklow behaupten,
welcher von dem preussischen Hauptquartier kaum
eine Meile entfernt war. Der König von Preus=
sen bezeigte allerdings Lust, in dieser Gegend Ei=
nes zu wagen, weil er nicht ohne Grund glaub=
te, daß eine gelieferte Schlacht für ihn das dien=
lichste seyn würde, sich in diesem Königreich zu
erhalten. Allein die östreichische Chefs liessen sich
nicht lokken, da sie wol voraus sahen, daß der
Feind ohne Blutvergießen dieses Königreich wür=
de verlassen müssen, weil ein grosser Mangel an
Lebensmitteln in der preussischen Armee eingeris=

sen hatte. Sie beschlossen also, lieber die bisherigen Operazionen fortzusezen, wodurch sie in der That mehr ausrichteten, als wenn sie in einer Hauptschlacht viele 1000. Feinde besiegt hätten. Zwar nahten sich den 24. Okt. die Preussen den Oestreichern bis auf einen starken Stükschuß, allein da sie dieselbe in der besten Position antrafen, so hielten sie es nicht für rathsam, einen Angrif zu wagen. Auch der Versuch, den Feind bei Neweklow in die Flanke zu nehmen, wollte ihnen nicht glükken. Sie marschirten deswegen den 25. Okt. nachdem sie eine ganze Nacht unter freiem Himmel zugebracht hatten, unverrichteter Sachen nach Konopischt zurük. Denn die östreichische Armee stand sehr gut verwahrt, und hatte vorwärts viele Teiche und Moräste, und links und rechts einen ziemlichen Wald und Berge zur Bedekkung. Hinter ihr aber lief ein Bach, und über diß waren alle Anhöhen mit Geschwindstükken besezt. Den 26. Okt. traten daher die Preussen ihren Marsch von neuem an, und giengen über die Zassawa zurük, nachdem sie den General Ghilani, von Kummersburg, wo eine Brükke über den Fluß geht, vertrieben hatten. Sie lagerten sich bei dem Flekken Pischeli auf der Landstraße nach Prag; die Oestreicher aber blie=

ben in ihrem Lager bis zum 28. Okt. da sie end=
lich das 6malige preussische Lager bei Bistriz be=
zogen. Der Mangel an Lebensmitteln war nun
bei den Preussen aufs höchste gestiegen, und De=
serteurs hatten ausgesagt, daß sie bereits 2. Ta=
ge lang kein Brod gehabt hätten. Die Hauptab=
sicht der Oestreicher, dem Feind den empfindlich=
sten Streich zu versezen, gieng also dahin, sich
des Hauptmagazins zu Pardubiz zu bemächtigen,
zu welchem Ende Baron von Schwaben anfangs
zu Colin, und nachher zu Kuttenberg Posto fas=
sen mußte. Zugleich streifte Trenk mit den irre=
gulären Truppen überall herum, und suchte den
Feinden, wo möglich alle Subsistenz dadurch ab=
zuschneiden, daß er ihnen bald einen beträchtli=
chen Mehltransport, bald die Bekkerknechte auf=
hub, bald die Bakösen ruinirte. Indeß verstärk=
ten die Preussen ihre Besazung zu Prag mit et=
lich tausend Mann, und rukten bis Schwarzkoste=
lez vor. General Nassau gieng über die Elbe,
und Feldmarschall Schwerin zog sich an die Gren=
zen des Czaslauer Kreißes, um die Oestreicher
von Kuttenberg zu belogiren. Denn es war nö=
thig, sie von diesem wichtigen Posten zu vertrei=
ben, weil die Preussen befürchten mußten, die
Feinde möchten sie vom Glazischen, woher sie noch

ihre meiste Zufuhr bekamen, und gar von Schlesien selbst abschneiden. Dem ungeachtet wollten sie auch nicht gern linker Hand die Stadt Prag nebst den Magazinen zu Leutmeriz u. s. f. im Stich lassen. Aber beides zu behaupten, war unmöglich. Sie erwälten also lieber aus zwei Uebeln das kleinste, und überließen Prag seinem Schicksal. Aber auch ihre Hofnung Kuttemberg wieder zu erreichen, ward ihnen vereitelt. Prinz Karl verlies den 30. Oktober sein bisheriges Lager bei Bistriz, und schlug ein neues bei Diebischau, nahe an der Zassawa. Der linke Flügel mit den Sachsen, welche neuerdings verstärkt worden waren, erstrekte sich bis Beneschau und Konopitsch. Bald darauf lenkten sich diese immer weiter gegen Kuttenberg hin, passirten bei Sternberg die Zassawa und lagerten sich bei Rattay. Von hier gieng Trenk alsbald auf Parthie aus, und suchte den Feinden Abbruch zu thun, wo er konnte. Unter andrem hatt' er erfahren, daß Obrist Schwerin mit dem ersten Bataillon vom Alt-Anhaltischen Regiment, einem Extract von den gröstcn Leuten, wovon ein mancher zwei und mehrere tausend Thaler gekostet hatte, in dem Dorf Doprepul kantonirte. Alsbald entschloß er sich dieselbe sämtlich aufzuheben. Aber sein Vor=

haben konnte nicht so geheim gehalten werden, daß es nicht Prinz Leopold von Anhalt = Dessau erfahren hätte. Dieser ließ den Obrist unverzüglich durch einige Offiziere warnen; allein Trenk war so glüklich, die Offiziers aufzufangen, und freute sich schon höchlich, dem König von Preussen durch Aufhebung dieses Kerns von seinen Leuten den empfindlichsten Streich beizubringen. Es wäre ihm auch geglükt, wenn nicht der Bediente des einen Offiziers Mittel gefunden hätte, zu entwischen, und dem Obrist von Schwerin Nachricht zu geben, welcher in größter Eile sein Bataillon zusammenzog, es hinter das Dorf rangirte, und in schönster Ordnung gerüstet da stand, als Trenk mit seinen Leuten ankam. Trenk, da er seine Hofnung vereitelt sah, und befürchten mußte, nun den kürzern zu ziehen, hatte von dieser Unternehmung keinen andern Vortheil, als den Proviant, den die Anhalter im Dorf zurükgelassen hatten, und andere Beute unter seine Leute auszutheilen. Inzwischen zog der König von Preussen mit seiner ganzen Armee, da ihm die Oestreicher den beträchtlichen Posten Kuttenberg abgenommen hatten, den 3. Nov. wieder rechts hinauf, und lagerte sich zu Planian, und machte allerlei Bewegungen, den Feinden Lust zu

einer Bataille zu erregen. Allein die Oestreicher
liessen sich nicht gelüsten. Vielmehr verliessen sie
ihr bisheriges Lager, und rükten den 5. Nov.
völlig in den Czaslauer Kreiß ein. Prinz Karl
nahm sein Hauptquartier zu Kuttenberg selbst.
Und so ward nun den Preussen die Kommunika=
tion mit Prag disseits der Elbe gänzlich abge=
schnitten. In dieser Stellung blieb die östreich=
sche Armee einige Tage stehen, und war hinter
dem Berge, worauf die kleine Kapelle Johannis
gebaut ist, so vortheilhaft postirt, daß es unmög=
lich war, ihr beizukommen. Aber auch die Preus=
sen hatten vor ihrer Fronte eine ziemliche Anhö=
he mit tiefen natürlichen Gräben, und engen Zu=
gängen, auf der rechten Flanque die mit Ka=
nonen und Infanterie starkbesezte Stadt Neuko=
lin, zur linken Teiche und Wassergräben, und
hinter sich die Elbe; ja die Preussen waren diß=
mal vielleicht eben so gut postirt, als bei der Ba=
taille bei Molwiz. Kein Wunder wars also, wenn
der König wünschte eine Schlacht zu liefern, aber
auch kein Wunder, wenn Prinz Karl sich scheuete,
die halbe östreichische Armee aufs Spiel zu se=
zen, und das um so weniger, da er hoffen konn=
te, den Feind, den er ohne Schwerdtstreich so
weit getrieben hatte, nun vollends aus Böhmen

zu vertreiben, da er Kälte, Krankheit und Hunger zu seinen Sekundanten hatte.

Und Hunger, schröklichster Despot!
Wozu vermagst du nicht die Sterblichen zu zwingen?
Sie fürchten nicht der Schwerder scharfe Klingen,
Sie trozzen Röhrendonner, Röhrenschrot —
Doch zähmst du sie, allmächtger Despot!

Sechstes Kapitel.

Welches gut beginnt, aber schlimm endet, und worinn sich der, ders nicht versteht, zwei lateinische Wörter verteutschen lassen muß.

Endlich, als der König von Preussen sah, daß die Oestreicher durchaus zu keiner Schlacht zu bringen wären, entschloß er sich über die Elbe zu gehen. Auch die Oestreicher hatten sich schon den 7. Nov. wieder in Bewegung gesezt, und waren in etlichen kleinen Märschen den Preussen bis auf eine Viertelmeile nahe gerükt, so daß Colin gerade vor ihrem rechten Flügel lag. Trenk, der indeß einige sächsische Geschwindstükke bekommen hatte, suchte dieselben, wo er konnte, gegen den Feind zu nüzzen. Endlich gieng der König den 8. und 9. Nov. durch Neukolin würklich über die Elbe, und zog von Nimburg und Podiebrad an bis über Königgräz hinaus eine Linie längst der Elbe, und verlegte seine Armee in die Kantonierungsquartiere so gut, daß er sie in wenig Stunden zusammen ziehen konnte. Denn er hatte im Sinn, sich mit seiner Armee den Winter über

wenigstens im Königgräzer Kreis zu erhalten.
Dis aber zu bewerkstelligen, mußte er den Oestreichern die Passage über die Elbe zu verhindern
suchen. Er ließ deswegen Neukolin und Pardubiz, zwei wichtige Pläze, wol besezen, und mit
Pallisaden und Artillerie versehen. Ueberdiß wurden an dem Ufer von einer halben Stunde zur
andern Grenadierbataillons und Husaren ausgestellt, die östreichischen Bewegungen zu beobachten. Bis zum 11. blieben aber die Oestreicher
ruhig in ihrem bisherigen Lager, und nun rükten
sie gleichfalls Colin näher, Teiniz gegen über,
um in der Gegend von Przelautsch zwischen Colin und Pardubiz einen Versuch zu machen, den
Fluß zu passiren. In der Nacht vom 13. = 14.
Nov. mußte sich also das Corps de Reserve unter General Nadasti den Mauren Colins nähern.
Trznk wurde gleichfalls mit Artillerie dahin kommandirt, um durch eine falsche Attaque die größte Macht der Feinde dahin zu lokken, während
dem die östreichische Armee mit brennenden Fakkeln ihren Marsch durch Defileen und Wälder
nach Przelautsch an der Elbe fortsezte. Es war
stokfinstere Nacht, als er dahin kam, und auf die
Stadt zu kanoniren anfieng. Hätten nicht die
Feinde hie und da auf ihren Posten Feuer ge-

macht, so hätte er nicht gewußt, wohin er seine Stükke richten sollte. Dennoch sezte er die Feinde in nicht geringe Verwirrung, und sicher würde er in dieser Nacht den König von Preussen welcher sich in Colin befand, selbst gefangen haben, wenn er seinen angefangenen Sturm hätte fortsezen können. Aber zum Unglük zerschmetterte eine preussische dreipfündige Kanonenkugel ihm den linken Fuß, und zwar die Tibiam und Fibiam eine Spanne lang so, daß zwei Splitter durch den juchtenen Stiefel durchstachen. So bald die Panduren ihren Anführer stürzen sahen, hörten sie mitten im Sturme auf, und zogen sich wieder zurük. Trenk aber wurde auf ein nahgelegenes Schloß, Patschkau, gebracht, um sich daselbst kuriren zu lassen.

Siebentes Kapitel.

Worinn der Held auf dem Rükken liegt, und der Meinung der Stoiker, daß der Schmerz kein Uebel sei, ungetreu wird.

So tobt nicht eine von dem Fuß
Des Wanderers getretne Schlange;
So schäumt nicht der schwarze Zerberus
Als unser Held vor Ueberdruß
Bei diesem übeln Empfange
Von einem beinzerschmetternden
Kanonenschuß. ––

Er tobte und raßte, daß er gerad zu einer Zeit, wo er den Feinden am meisten hätte Abbruch thun können, verwundet worden wäre, und fühlte weniger die Schmerzen seines verwundeten Fusses, als die Bitterkeiten dieser fruchtlosen Expedizion. Kaum war er verbunden, als er sich wieder zu Pferd sezen wollte. Allein die Wundärzte hielten ihn mit Gewalt zurük. Er mußte also nolens volens das Kommando über seine Panduren einstweilen einem andern abtreten, und dieser war sein Obristlieutenant Baron de Dolne, den er schon zum voraus beneidete, wenn er mit seinen Untergebenen einen wichtigen Coup ausführen sollte. Mißmuthig ließ er sich nach Znaim in Mähren bringen, theils vor feindlichen Anfällen gesichert zu seyn, theils in der Hofnung bessere Pflege und Aerzte daselbst zu finden. Aber in lezterem Fall betrog er sich gewaltig. Die Aerzte hätten ihn beinahe entweder in die andere Welt geschikt, oder auf lebenslang hinkend gemacht. Was den ungeduldigen Pazienten aber am meisten verdroß, war, daß sie, wenn er sich über ihre Ungeschiklichkeit beschwehrte, die Schuld davon auf seine unordentliche Diät, und auf sein unruhiges Liegen schoben. Endlich schikte ihm Prinz Karl seine eigene Stabschirurgen, welche ihr möglichstes thaten, ihn wieder herzustellen. Aber das Uebel war einmal geschehn, und es war schon viel gethan, wenn sie die Fehler, die die erstern Aeskulapen begangen hatten, nur einigermaßen wieder gut machten. Während dem er mit den Schmerzen rang, die ihm keine Ruhe ließen, trieb die östreichische Armee die Preussen immer weiter zurük. Unser Held erhielt tägliche Berichte. Aber so sehr ihn das Kriegsglük der Seinigen auf der einen Seite freute, so sehr bedauerte er auf der andern, daß er nicht im Stand war, seine Schul-

bigkeit zu thun. Die Oestreicher giengen den 18.
Nov. bei dem Dorf Telschüz über die Elbe, und
die Preussen, welche sich nun nimmer in Böhmen
halten konnten, eilten nach Glaz und Schlesien
zurük. Sie hatten Colin und Pardubiz gänzlich
verlassen, und am lezten Ort den Rest ihres Ma=
gazins in Brand gestekt. Colin ward alsbald mit
einem Pandurendetaschement besezt. Die übrigen
nebst den Husaren und Kroaten verfolgten den
Feind auf allen Schritten. Nahe an der Brükke,
wo man bei Jaromirz über die Metau geht, liegt
das Dorf Plesse. Hier hatten sich einige hundert
Panduren verstekt, ehe noch die lezte Kolonne
Preussen dahin gekommen war. Sobald aber diese
durchgezogen waren und anfiengen, die Brükke ab=
zubrechen, fielen die Panduren auf die Arriergar=
de ein, und feuerten so heftig unter sie, daß noch
viele auf dem Plaz blieben. Ueberhaupt verfolg=
ten sie die ungrischen Truppen auf dem ganzen
Marsch bis an ihr Lager bei Jaromirz. Die
Strassen, sagt Trenk, wodurch die blaumontirte
Feinde marschirt sind, sollen nicht anders ausge=
sehen haben, als wenn sie mit Kornblumen besät
gewesen wären. Auch das Meiste von ihrer Ba=
gage blieb zurük. Indeß aber die Preussen den
1. Dec. an den Grenzen von Schlesien anlang=

ten, befand sich noch ihre Garnison von etwa 10,000. Mann in Prag. Abgeschnitten von ihrer Hauptarmee räumte sie den 25. Nov. von selbst die Stadt, und gedachte, sich über Leutmeriz nach Niederschlesien zu retiriren, und nöthigen Falls durchzuschlagen. Fast die ganze preussische schwere Artillerie war damals in Prag, besonders auch die sogenannten 7. Kurfürsten. Auch die andere Bagage war beträchtlich. Diß alles nun fortzubringen, schien unmöglich. Deßwegen hatte sich der Kommendant von Einsiedel entschlossen, alles andere im Stich zu lassen, und nur die baaren Gelder und Kostbarkeiten und die nöthigste Feldartillerie mitzunehmen. Aber auch davon brachte er nur das Wenigste nach Haus. Denn die Panduren und Kroaten, welche den Abmarsch vermuthet hatten, verfolgten die Preussen auf allen Seiten, und nöthigten die Feinde, Kanonen und Bagage stehen zu lassen. Anfangs wollten sie ihre Retirade durch Sachsen nehmen. Da man ihnen aber dieselbe nicht anders gestattete, als wenn sie an den Grenzen das Gewehr ablegen, und nur Kompagnienweise durchmarschiren wollten, so verwarfen sie den Antrag, und marschirten bald links bald rechts, ohne zu wissen wohin. Denn die Sachsen hatten ihre Grenzen nicht nur gut verhauen, sondern auch mit Mannschaft stark besezt. Ueberdiß waren ihnen von der östreichischen Hauptarmee einige tausend Mann unter dem Chevalier de Saxe auf den Hals geschikt worden, welche ihnen Tag und Nacht keine Ruhe liessen. Der Himmel selbst schien sich wider sie verschworen zu haben, da ein tiefer Schnee und die grimmigste Kälte einfiel. Was den Feindeshänden entgieng, das erfror entweder, oder verhungerte, oder lief davon. Diß war das Ende dieser für Maria Theresia glüklichen Kampagne. Einer ihrer mächtigsten Feinde war ohne eine einzige Schlacht in Zeit von drei Monden genöthigt worden, ganz Böhmen wieder zu räumen, das er mit einer ungeheuren Macht überschwemmt hatte. Trenk hat gewiß nicht wenig zum Rükzug des Feindes beigetragen, und die Dienste, die er in dieser ganzen Kampagne mit den leichten Truppen geleistet hat, sollten in den Annalen Oestreichs unvergessen bleiben.

Achtes Kapitel.

Worinn man sich auf eine sonderbare Art die Langeweile des Winters vertreibt.

„Die Feinde glaubten nun," sagt Trenk, „Maria Theresia sei, da sie izt in Schlesien saßen, nicht berechtigt, sie weiter zu verfolgen, oder ihnen eine Gegenvisite in ihren Landen abzustatten. Denn sie behaupteten, sie seien keine Feinde gewesen, sondern hätten nur als kaiserliche Hülfsvölker agirt. Aber die Königin zeigte in einem Manifest den Ungrund ihres Vorgebens deutlich genug, denn in dem Breßlauer Frieden hätte der König von Preussen ausdrüklich versprochen, ihren Feinden auf keinerlei Weise Hülfe zu leisten. Eben die gegenwärtige Feinde aber wären zur Zeit des Breßlauer Friedens schon ihre Feinde gewesen, und eben so bekannt sei es auch damals gewesen, daß sie den neuen Kaiser nicht habe anerkennen wollen. Der König sei also nicht befugt gewesen, ihre Erbländer mit seiner ganzen Macht anzufallen. Sie sei also nicht mehr zu Haltung

des Breßlauer Friedens verbunden, vielmehr wä=
ren die Sachen in den Stand zurükgekommen, in
dem sie vor dem Frieden gewesen wären. Kurz,
sie sei vollkommen berechtigt, Schlesien wieder für
ihre Erblande zu halten, und mit Gewalt der
Waffen zu vindiciren." Zu dem Ende ließ sie
das Korps der ungrischen Insurgenten nebst eini=
gen tausend Mann regulären Völkern in Ober=
schlesien einbrechen. Fürst Leopold von Dessau,
welcher nach der Abreise des Königs das Ober=
kommando bekommen hatte, zog nun die ganze
preussische Macht zusammen, und trat mit der=
selben in den schlimmsten Wegen im härtesten
Winter einen höchstbeschwerlichen Marsch aus Nie=
derschlesien bis Jägerndorf an. Sobald er dahin
kam, zogen sich die Insurgenten, welche freilich
einer so grossen Macht Stand zu halten, nicht
vermögend waren, gelassen in die Gebürge zurük.
Die Preussen giengen darauf, den 21. Jan. 1745.,
nachdem sie 3. Tage bei Jägerndorf unter freiem
Himmel auf dem Schnee kampirt, und sich dadurch
die beschwerlichsten Krankheiten zugezogen hatten
(denn es sollen bei mancher Kompagnie kaum
20. Gesunde übrig geblieben seyn,) dahin zurük,
wo sie hergekommen waren. Aber eben so schnell
kamen die Insurgenten wieder aus den Gebürgen

hervor. Kamen die Preussen wieder, so wichen diese zurük, oder zeigten sich an einem andern Orte; ja sie streiften an der Oder bis an Breß=
lau hin. Dieses Spiel währte den ganzen Win=
ter fort, und die Feinde wurden dadurch nicht nur sehr fatigirt, sondern erlitten zuweilen be=
trächtlichen Schaden. Indeß sich aber auf diese Art Preussen und Insurgenten in Schlesien die Langeweile des Winters vertreiben, wollen wir uns wieder nach unserm Helden umsehen, den wir in Znaim unter den Händen der Wundärzte verlassen haben, und uns nach seinem Befinden in einem eigenen Kapitel erkundigen.

Neuntes Kapitel.

Worinn sich der Held über einen gewissen Antrag gewaltig erzürnt, endlich bekehrt, und Löcher in das Schienbein bohren läßt.

Seine Wunde war nicht nur nicht besser, sondern von Tag zu Tag schlimmer geworden, und die Aerzte fiengen bereits vom kalten Brand zu schwäzzen an. Trenk war hierüber nicht wenig aufgebracht; aber noch weit wütender, als ihm einmal einer zu verstehn gab, er müßte sich das Bein ablösen lassen. Kein Antrag in seinem ganzen Leben hatte ihn mehr geärgert als dieser. Er schimpfte auf den ganzen Orden Aeskulaps, besonders aber auf den, der ihm den Vorschlag gethan hatte, in den bittersten Ausdrükken, und erklärte endlich rund heraus, daß er lieber sterben, als ein Krüppel werden wollte. — Er suchte sich auch würklich mit allem Ernst zur Reise in's Elysium anzuschikken, und nahm, da er sich von seinen Aerzten verlassen sah, seine Zuflucht zum Himmel, dem er freilich, wie er selbst gesteht, unter den bisherigen Trubeln eine geraume

Zeit mit seinen Bitten nicht beschwerlich gefallen
war —

>"Und wenn er nimmer leben mag,
>So hebt er an n' grose Klag,
>Will sich erst Gott ergeben."

möchte hier freilich manchem unserer Leser beifallen. Seine Beichte, wenn sie der ehrliche Kapuziner verrathen hätte, würde manchen Zug in seinem Karakter aufklären. Schade! daß wir sie nicht besizzen! — Nachdem er sich nun mit dem Himmel zuvorbrist abgefunden zu haben glaubte, so dachte er auch an das Zeitliche, und sezte ein Testament auf, in welchem er die Königin von Ungarn, weil er den grösten Theil seines Vermögens in ihren Diensten erworben hatte, zur Universalerbin seiner sämtlichen Verlassenschaft erklärte. Man sagt, am Rande des Grabes ziehen die Bilder unrechtmäsiger Handlungen gleich bösen Geistern vor den Augen des Sterbenden vorüber. Wenns wahr ist, so hat gewiß unser Held mehr als ein unwillkommenes Schattenspiel von der Art gesehen.

>Es stellten grausamer und wilder
>Als er, in schwarzer Mitternacht
>Mit brennenden Farben gemahlt die Bilder
>Von denen, die er unschuldig umgebracht,

Die er beraubt, die er unglüklich gemacht,
Sich vor sein Aug — Er sah betrübt,
Was er nicht wünschte zu erbliken,
Die Greuel all, die er verübt —
Sah Greis' und Säuglinge im Städterauch ersstiken,
Und Schwangere auflodern in dem Brand,
Sah in die Ströme von sinkenden Brüsten
Unschuldige gestürzt von seiner Hand;
Und sah zum Lohne seiner Thaten
Ein Chor von schwarzen Engeln um sich her,
Begierig all, ihn bald am Höllenfeur zu braten.

Bilder von der Art konnten allein auf ihn — so wie auf manchen seines Gleichen, den Eindruk machen, den man selten bei einem verhärteten Geizhals auf eine andere Art bewürken kann, ich meine, unrecht erworbenes Gut zurükzugeben. Bilder von der Art bewogen ihn allein, daß er der unglüklichen Stadt Chamb in Baiern, welche durch seine Panduren gänzlich eingeäschert worden war, ein Legat von 12000. Gulden aussezte. Ein ähnliches Vermächtniß hatte er auch, mit dem Beding, für seine arme Seele zu beten, ad pios usus verwendet, und endlich auch noch seine Anverwandten in Preussen mit einer beträchtlichen Summe bedacht. — Viele Leute glauben, daß sie, sobald sie ein Testament aufsezen, in kurzem die Bahn des Todes betreten müssen. Das Beispiel

unsers Helden mag sie widerlegen. Wenn sich
der Leser zu erinnern beliebt, so wird er finden,
daß Trenk schon einmal sich in dem Fall befand,
sich dem Himmel auf Diskretion zu ergeben, und
ein Testament aufgesezt hat, aber zu gleicher Zeit
finden, daß er bald darauf wieder gänzlich her=
gestellt wurde. Dißmal gieng es auf die nemli=
che Art — mochte er nun noch nicht reif für den
Himmel seyn, ihn abzurufen, oder zu brauchbar
für einen andern Potentaten, ihn von seinem Po=
sten abzuholen. Genug, da die Gefahr aufs
äusserste gekommen war, riethen ihm die Wund=
ärzte, wenigstens die Scarifikation, die in einer
4 — 5. Finger langen Inzision in den Fuß be=
stand, mit sich vornehmen zu lassen. So groß
die Schmerzen waren, so hielt sie doch Trenk
standhaft aus. Aber dem ungeachtet ward seine
Wunde nicht viel besser. Von ungefehr hörte er,
daß sich in Czaslau ein sehr geschikter Wundarzt
befände. Ohne Zaudern ließ er sich dahin brin=
gen. Der Arzt versicherte ihn bei dem ersten Be=
such, daß seine Wunde unheilbar werden, und er
nie wieder auf den Fuß würde treten können,
wenn er sich nicht zu einer noch empfindlicheren
Kur bequemen würde. Er demonstrirte ihm mit
vielen Gründen, daß das Mark in den Knochen

stehend geworden wäre. Um dasselbe nun wieder
in den Gang zu bringen, wäre kein anderes Mit=
tel übrig, als daß sich Trenk zum Bohren ent=
schliessen müßte. Er versprach die Kur selbst vor=
zunehmen, und zugleich den glüklichsten Erfolg da=
von. Trenk war bereits des Lebens und der Schmer=
zen so überdrüssig, daß er weder sie noch jenes
zu verlängern wünschte. Aber wenn er wieder
an den künftigen Feldzug dachte, und an die Eh=
re — die er da einlegen wollte, so entschloß er
sich zu allem. Die Kur ward glüklich unternom=
men, und troz höllischer Schmerzen wurden ihm
verschiedene Löcher in die Röhren gebort, um dem
Mark durch mancherlei Arzneien wieder Bewegung
beizubringen. Aber dennoch gieng es mit der
Heilung nicht so geschwind, als er wol vermu=
thet hatte. Er starb beinah vor Langerweile.
Wenn ihn gleich verschiedene Kavaliers, mit de=
nen er Bekanntschaft gemacht hatte, täglich be=
suchten, so füllten diese Besuche doch nicht alle
seine müssige Stunden aus. In dieser üblen La=
ge war es, als er seine Lebensbeschreibung an=
fieng, und nachher in einer noch schlimmeren
Epoche vollendete. Endlich aber brach bei ihm
die Gedult. Er wollte nicht länger in Mähren
sizen, und ließ sich daher nichts abhalten, seine

beschlossene Reise nach Wien anzutreten, ungeachtet er sich noch der Krükken bedienen mußte. Den 13. Jan. 1745. langte er würklich daselbst mit einer prächtigen Equipage aus Brünn an. Sein Einzug zog aller Augen auf sich. Alles jauchzte ihm zu, und seine Neider durften es izt nicht wagen, wider ihn das Geringste zu sprechen. Bei Hofe selbst hatte er den 17. eine sehr gnädige Audienz. Er fuhr dahin, und ließ sich sodann durch zwei seiner Panduren auf einem Tragsessel die Schloßtreppe hinauftragen. Dort nahm er seine Krükken, und trat in diesem Aufzug zur Königin ins Zimmer, die ihm nicht nur ihr Beileid über seinen erbärmlichen Zustand bezeugte und ihn tröstete, sondern auch ihre fernere Huld zusicherte. Ein gleiches that auch Prinz Karl. Behaglichkeit der Seele würkt auf den Körper, wenigstens unser Held ward den 17. März völlig wieder hergestellt. Aber wer hätte geglaubt, daß eben der Mann, der sich so sehr in der Gunst seiner Monarchin bevestigt zu haben glaubte, der zu Wien wie im Triumph eingezogen war, noch in eben diesem Jahr, an eben dem Fuß, der im Dienst seiner Monarchin zerschmettert worden war, drükkende Fesseln tragen würde? Und doch ist es geschehen!

O ihr, die ihr auf Fürstengunst
Palläst' aus Gold erbaut,
Nehmt hier ein Beispiel euch und schaut:
Sie sind gebaut auf Dunst —
Und denkt, wie's alte Sprüchwort klang:
„Der Herrengunst und Vogelsang
Tönt herrlich — aber währt — nicht lang."

Zehntes Kapitel.

Welches ziemlich paradoxe Säzze enthält, denen nur die, die wie unser Held denken, beipflichten werden.

Trenk, der im Diensteifer für seine Monarchin keine Grenzen mehr kannte, und nun durch die leztere so gnädige Aufnahme derselben beinah ausser sich war, sah sich kaum wieder hergestellt, als er nach Sklavonien auf seine Güter reißte, theils seine Panduren zu rekrutiren, um sich mit denselben im nächsten Feldzug neue Lorbeere zu sammeln, theils den Räubern Einhalt zu thun. Denn diese waren in Syrmien und Sklavonien wieder dergestalt angewachsen, daß selbst Städte und die größte Dörfer nicht mehr vor ihnen sicher waren. Die Hauptvestung Essek sogar wurde von dem Kommendanten aus Furcht vor ihren Ueberfällen bis auf ein einziges Thor gesperrt. Denn sie kamen des Nachts, entführten die reichsten Leute aus ihren Häussern, und liessen sie nicht eher aus ihren Hölen los, bis sie grosse Summen erlegt hatten. Auch das Militär, das sie sonst alleinig noch respektirt hatten, war nicht

mehr vor ihnen sicher. Diß mußte selbst den
Wiener Hof aufmerksam machen, und Trenk erhielt Ordre, dem Unwesen zu steuern. Vermöge
des Befehls sollte ihm der Kommendant von Essek soviel Truppen als er brauchte mitgeben, das
Gesindel auszurotten. Der Kommendant empfieng
ihn, als er ankam, aufs freundlichste, und gab
ihm das Quartier in seinem eigenen Hauße.

 O armer Kommendant, du wähnest einen Freund —
 In deine Wohnung einzuführen —
 Und ach! — zu spät wirst du an deiner Stirne spüren!
 Es ist dein — ärgster Feind.

Denn der Kommendant war verheurathet, und
Trenk hatte kaum seine Gemalin erblikt, als er
sie — liebenswürdig fand. Sie war eins von
denjenigen Frauenzimmern, die nicht sowol durch
ihre Schönheit, als vielmehr durch ihr freies Betragen, die Männerherzen zu erobern wußte, und
die einen Stolz darein sezte, sich von Liebhabern
und Sklaven umringt zu sehen. Ihr Mann kannte ihre Schwachheit nur zu gut, aber da er wußte, daß sie einen grossen Anhang am Wienerhof
hatte, da er ihr sein Glük zu danken hatte, da
er ein Mann von Welt war, so glaubte er mit
ihr säuberlich verfahren zu müssen, barg seine
Eifersucht in seinem Busen, und ernährte dort in

der Stille eine Natter, die ihm früher oder später das Herz abnagen mußte. Daß er unsern Helden in sein Hauß einquartierte, daran war abermals seine Gefälligkeit, die er dem Wienerhof erzeigen wollte, Schuld, und daß er endlich gar H.. bekam, die nemliche Schwachheit. Trenk erinnerte sich, die Frau schon in jüngeren Jahren gesehen zu haben, wo sie ihm schon gefallen hatte, und neuerdings gefiel sie ihm wieder. „Ich war immer," sagt er selbst, oder wenn er es nicht gesagt hat, so mag ers gesagt haben, „ein Mensch; aber die Ruhe des Winters machte mich für die Vergnügungen der Liebe nur allzusehr empfindlich, da mich hingegen die Kriegsbeschäftigungen den Sommer über nicht an dergleichen Tändeleien denken liessen. Das Jahr zuvor hatte ich mich neuerdings in die Baronessin von Lestoch verliebt, und auch in dem gegenwärtigen war ein neues Liebesabentheuer für mich aufbehalten. Ich sage hiemit eben nicht, daß Madam Lestoch gänzlich aus meiner Seele verschwunden, und daß ich von so unbeständiger Natur wäre. Zwar will ich nicht behaupten, daß Beständigkeit in der Liebe unter die vorzügliche Männertugenden gehöre, sondern ich bekenne aufrichtig, daß ich meinte, in der Abwechslung in der

Liebe bestehe meine ganze Glükseligkeit, wenn man anders das Glükseligkeit nennen kann, was sich von der Befriedigung unserer Leidenschaften herleitet. Uebrigens behielt ich immer noch Madame Lestoch in werthem Angedenken. Aber da sie nicht mehr gegenwärtig war, so konnte sie natürlich nicht mehr der Gegenstand meiner physischen Zärtlichkeit seyn." Der Leser sieht hieraus, daß unser Held ganz bequem zwei Personen auf einmal lieben konnte, und die Kunst verstand, in der so viele, wenn sie es auch nicht scheinen wollen, bewandert sind. —

> Denn er schloß so: aus Seele und aus Leib
> Besteht der Mensch; platonisch liebet sie;
> Der andre sucht soldiern Zeitvertreib.
> Darum lieb' ich vermög der Sympathie
> Den Gegenstand, der fern von mir geschieden
> Der Himmel weiß? in welcher Gegend weilt,
> Mit meiner Seele nur, und dann in Zwei getheilt
> Sei mit dem trägen Körper die infrieden,
> Die neben mir leibhaftig weilt,
> Indeß die Seele, ohne zu ermüden
> Zum fernen Gegenstand mit ihren Seufzern eilt.

Ob er richtig geschlossen habe, mögen wir nicht entscheiden, oder ob Schlüsse von der Art dem männlichen Geschlecht Ehre machen, oder ob Trenk das Muster eines zärtlichen Liebhabers sei, laßsen wir dahingestellt; und eben so wenig haben wir Lust zu entscheiden, ob Madame Lestoch Ursache hatte, mit dem blossen Angedenken zufrieden zu seyn. Trenk wenigstens entschuldigt sein Betragen mit folgenden Scheingründen. „Ich war," sagt er, „kaum in Essek angelangt, als ich mich alsbald nach Madame Lestoch erkundigte. Aber es glükte mir nicht, nur das geringste von ihr zu erfahren. Da alle meine Mühe verloren war, so glaubt' ich endlich, daß sie mich eben so gut als ihren Gemal hätte betrügen wollen, indem sie jenen glauben gemacht hatte, sie wollte sich nach England, mir aber, sie wollte sich in ihr Vaterland begeben. In Essek hatte sie noch kein Mensch gesehen, und wer weiß, wo sie von Donauwörth sich hingewendet hat. Wenn sie mich aufsuchen wollte, so konnte sie immer erfahren, wo ich war, oder mir Nachricht von ihrem Aufenthalt geben, ich nicht so. Genug, ihr geheimnisvolles Stillschweigen schien in meinen Augen mein gegenwärtiges Bezeugen hinlänglich zu rechtfertigen. Denn warum sollte ich in der Liebe einer Person getreu bleiben, die sich nicht scheute, mich an der Nase herumzuführen? wer weiß, in wessen Armen sie izt meiner Leichtgläubigkeit spottet." — So räsonnirte

Trenk, und legte ihr den nemlichen Fehler zur Last, in den er selbst zu fallen im Begriff war. — O Menschen!

Eilftes Kapitel.

Dacht ichs nicht, daß die Sache dahin kommen würde!
— Das heißt doch den Bok zum Gärtner machen.

Entfernt also von Madam Lestoch, und frei von bringenden Kriegsgeschäften, ließ sich unser Held von den Reizen der Madam P. W., um die er nun immer war, so hinreissen, daß er in wenigen Tagen ihr völliger Liebhaber ward. Zwar hatte sie der Anbeter mehrere. Aber Trenk fürchtete sich vor der Menge der Nebenbuhler in Venus Reiche eben so wenig, als vor der Menge der Feinde auf Mavors Schlachtgefilden. Ihrem Mann, wie schon gesagt, wollten freilich die Musigen Besuche der irrenden Venusritter nicht behagen, allein, wenn er schon Kommendant von ganz Essek war, so ließ sich doch das auf sein Hauß nicht anwenden. Er mußte dulden und schweigen, und glaubte schon viel gewonnen zu haben, wenn er seine Gemalin nicht ganz aus dem Gesicht verlor, gleich als wenn sie fern von seinen Augen seine Marter empfindlicher machte.

Trenk war fein genug, nie einen Sturm zu wa=
gen, eh er vorher das Terrain untersucht hatte.
So machte er es auch hier. Er war kaum eini=
ge Tage im Hauß, als er das ganze System
desselben kannte, und auf den Mienen der Be=
wohner ihre geheimste Gesinnungen las. Ma=
dame P. B. schien nicht den geringsten Skrupel
zu haben, sich zur Galanterie geneigt finden zu
lassen, und der Herr Kommendant machte sich
desto mehrere, sich eifersüchtig zu zeigen, wenn
ihm gleich diese Furie im Stillen das Herz zer=
riß. Beide waren gegen unsern Helden äusserst
gefällig, aber aus sehr verschiedenen Gründen;
Trenk hingegen war troz seiner Leidenschaft klug
genug, sich nach und nach in beider Gunst im=
mer mehr zu bevestigen. In kurzem ward er
allen seinen Nebenbuhlern vorgezogen. Und die=
se betrog er durch folgende Kriegslist, die ihm
trefflich gelang. Vest entschlossen den Plaz zu
gewinnen, machte er eine falsche Attaque auf
einer andern Seite, welche ihm troz aller Vor=
sicht den Weg bahnen sollte, die Vestung zu er=
stürmen. Er behandelte zwar Madame P. B.
mit aller Achtung und Höflichkeit; aber, waren
sie dabei, mit solcher Gleichgültigkeit, daß es
unmöglich war, seine geheimen Absichten zu ent=

dekken. Er suchte vor allen Dingen sich das Zutrauen ihres Gemals zu erwerben, in dessen Herzen er ausserordentliche Fortschritte in kurzem machte. Nachdem er ihm mehrere Proben seiner aufrichtigen Freundschaft gegeben hatte, ließ er hie und da ein Wort fallen, welches die Aufführung seiner Gemalin mißbilligte. Der Gemal fiel nicht nur, sondern stürzte sich in die Falle, die ihm Trenk gelegt hatte. Er eröffnete ihm sein ganzes Herz, und bekannte ihm mit Thränen in den Augen, daß seine Frau unfehlbar, wenn sie ihre Lebensart nicht änderte, sein Tod seyn würde, aber zu seiner Schande müßte er gestehen, daß er es nicht wagte, ihr deshalb Vorstellungen zu machen, weil er sich vor dem Hof, wo sie wichtige Stüzzen hätte, fürchtete, wenn seine Eifersucht schlimme Folgen nach sich zöge. Trenk, der seine Rolle gut studiert hatte, bezeugte ihm deshalb das freundschaftlichste Mitleiden. Zwar kostete es ihn nicht wenig Mühe, wider eine Person, die er liebte, zu sprechen, und einer Leidenschaft, welche verstolenen Liebhabern nicht anders als verhaßt seyn kann, das Wort zu führen. Aber er wußte sich auf eine solche Art zu betragen, daß er sich das Zutrauen des Ehmanns völlig gewann, ohne ihn wider

seine Frau weiter aufzuhezzen. Ja dieser ließ
sich so weit durch die Schmeicheleien unsers Hel=
den bringen, daß er ihn bat, seine Frau deshalb
ernstlich zur Rede zu sezzen, ihr ihre Schwach=
heiten vor Augen zu stellen, ihr das kluge Be=
zeugen ihres Mannes anzupreissen, und ihr zu
rathen, ihre Lebensart zu ändern, wenn sie nicht
die Mörderin ihres Gemals werden wollte. Das
heißt doch den Bok zum Gärtner sezen. Denn
eben das suchte Trenk, um Gelegenheit zu be=
kommen, sich mit Madame P. V. Solus cum
Sola zu unterhalten, ohne daß ihn der Herr Ge=
mal in seinen Gesprächen oder in — was ihr
meint — unterbräche. Trenk bediente sich des
Auftrags so gut und so oft, daß Madame P.
V., welche das Geheimniß nicht wußte, nicht
wenig erstaunte, daß ihr Gemal in Ansehung
seiner im geringsten nicht eifersüchtig war, viel=
mehr ganze Stunden sie und ihn allein ließ.
Ohne ihr Aufschluß über das Räthsel zu geben,
dachte er nur darauf, ihrem Herzen den Krieg
anzukünden, und es vergieng kein Tag, an wel=
chem er nicht irgend eine neue Eroberung in dem=
selben gemacht hätte. Ihr Gemal fragte inzwi=
schen täglich, welche gute Neuigkeiten er zu hof=
fen hätte, wie weit er mit dem Bekehrungswerk

seiner Frau fortgeschritten wäre, ob sie sich überzeugen ließ? u. s. w. Trenk, der ihm nichts Bestimmtes sagen konnte, noch wollte, antwortete ihm in gleichgültigen Ausdrükken, ohne weder ja noch nein zu sagen. Indeß giengen auf diese Art mehrere Tage hin, in welchen es Trenk so weit brachte, daß ihm Madame P. V. zärtliche Gegenliebe eingestand. Erfinderisch sind die Leidenschaften in ihrem Anfange, aber je mehr sie sich vergrössern, desto grössere Behutsamkeit scheint erforderlich, sie zu verbergen. Eben diese Leidenschaft, die er anfangs so gut zu verbergen gewußt hatte, hätte ihn mit der Zeit die Rolle, die er zu ihrer Befriedigung übernahm, und die er mit so vieler Vorsicht auf einem so gefährlichen Theater spielen mußte, beinah völlig vergessen lassen. Die Freiheit, welche er hatte, mit Madame P. V. umzugehen, ihre Neigung gegen ihn und die Sorglosigkeit des betrogenen Ehmanns, hatten ihn eines Tages in eine Verlegenheit gesezt, in welcher sich zwar schon viele befunden haben, aber aus der sich gewiß nur wenige auf eine Art wie unser Held wieder herausgefunden haben mögen.

Zwölftes Kapitel.

Wer gewann am Meisten? —

Eines Abends war er wieder mit ihr in einem Kabinet allein. Des Morgens hatte er mit ihr wegen einer Kleinigkeit Verdruß bekommen. Die Dame glaubte sich beleidigt, und schnitt ihm eins von jenen Gesichtern, die allen, vorzüglich aber Liebhabern unerträglich sind. Trenk brachte alle Gründe vor, sie wieder auszusöhnen. Bitten, Flehen, Schwüre, alles half nichts. Von der Heftigkeit seiner Leidenschaften dahingerissen, warf er sich ihr zu Füssen, und bat um Mitleid und Gnade. Sie war unerbittlich, und stand endlich gar vom Sopha auf, und machte Miene aus dem Zimmer gehn zu wollen, um die Bitten des zudringlichen Liebhabers nicht länger anhören zu müssen. Trenk aber umfaßte, daß sie ihm nicht entwischen konnte, mit der einen Hand ihre Knie, mit der andern aber ihre Hände, um sie zu küssen, und auf diese Art seinen Betheuerungen ein stärkeres Gewicht zu geben. Von ungefehr stieß sie, im Begriff sich loszureissen, heftig auf einen kleinen Tisch, auf welchem das Licht stand. Der Tisch fiel um, und mit ihm das Licht, welches auslöschte, und die artige Gruppe der Verliebten in Schatten sezte. Die Stellung unsers Helden war in der That nicht die gleichgültigste — und dennoch blieb er in derselben, so sehr hatte er in der Heftigkeit der Leidenschaft vergessen, wo er sich befände. Auf einmal schrie Madame P. W. um Licht. Das Licht erschien auf der Stelle, aber, denkt euch den Schrekken unsers Helden, — von ihrem eigenen Mann hereingetragen, dessen Anblik unsern Helden, wie weiland Medusens Zauberhaupt, beinah in einen Stein verwandelt hätte. Ich wag' es nicht zu entscheiden, ob in diesem kritischen Augenblik die Verwirrung des Ehgemals, oder die Bestürzung unsers Helden grösser gewesen sei, als sie sich so unverhoft in einer Stellung von der Art antrafen. Der Kommendant sah unsern Helden erstaunt vom Kopf bis zu den Füssen an, und dieser ohne seine Lage, in der er sich befand, zu ändern, jenen. Er wollte sprechen, aber die Ueberraschung hemmte das Wort auf seiner Zunge, und er konnte keine zwei Silben zusammen buchstabiren. Madame P. W. hingegen riß sich von den Händen unsers Helden mit einem Blik voll Unwillen los, welcher deutlich zeigte, daß sie mit Gewalt zurükgehalten worden wäre. Dieses öfnete unserm Helden den Verstand, um ein Mittel ausfindig zu machen, das ihn gegen jede Vorwürfe, die er von dem Ehgemal billig zu erwarten hatte, sichern sollte. „Sie sind," fieng er plözlich zu sprechen an, „in der That die hartnäkkigste Frau, die ich je gesehen habe. Fußfällig und mit Thränen im Aug bat ich Sie, einmal aufzuhören, einen Gemal zu martern, der nicht diese Strenge sondern Ihre völlige Liebe verdient, und es scheint, daß Sie sogar diese meine Bitte beleidigt. Er verläßt sich auf Ihre Treue so sehr, als man sich auf eine Frau verlassen kann. Er hindert Sie nicht, mit Jedermann umzugehn, wie es Ihnen gefällt. Er weiß, was er Ihrem Stand, und Ihrer Tugend schuldig ist. Aber da er so viel für Sie thut, sollte er nicht würdig seyn, daß Sie gleichfalls ihm einen Schritt näher träten? Er ist Ihr Gemal, liebt Sie, erkennt Ihre Verdienste, aber sollte er nicht durch seine Bitten mit den Meinigen vereinigt so viel über Sie vermögen können, daß Sie sich ein wenig einschränkten, und ihm das Leben weniger verbitterten? Ich schäme mich nicht, hier vor seinen Augen zu bekennen, daß er mich erst kurz gebeten hat, Ihnen wegen seiner Eifersucht nicht den geringsten Wink mehr zu geben, so viel Vorsicht gebraucht er, sich nicht bei Ihnen verhaßter zu machen. Sein Zustand hat mich gerührt. Ich wollte mit Ihnen davon reden, wie Sie wissen, um ihm zu zeigen, daß ich sein wahrer Freund bin. Uebel wird er mir es nicht nehmen, daß ich mir diese unschuldige Freiheit herausgenommen habe, in der Absicht ihm Gutes zu thun, aber auch Sie halten es zu gut, daß mir dieses Geheimnis anvertraut worden ist, und tragen Sie, so viel Sie können, bei, sein Herz wieder zu beruhigen, in Zukunft weit entfernt, es mit barbarischer Freude zu martern. Was für ein boshaftes Bezeugen war dieses neuerdings von Ihnen, mit Fleiß das Licht auszulöschen, als Sie ihn witterten, damit er, wenn er uns im Dunklen beisammen anträfe, durch irgend einen widrigen Verdacht tief in der Seele gekränkt würde. Aber dem Himmel sei Dank! er kennt mich. Er weiß, daß ich die Geseze der Gastfreundschaft und der Ehrliebe verehre. Er weiß übrigens auch, daß Sie nicht fähig sind, durch Thaten seiner Ehre zu schaden. Endlich aber, wenn er nicht weiß, daß Sie nur aus boshaftem Vergnügen, ihn wütend zu sehen, ähnliche Späße machen, so soll er es von nun an wissen. Aber dieses sei der lezte Spaß von der Art; versprechen Sie mir, Madame, daß Sie in Zukunft Ihr Betragen ändern wollen." Trenk hätte noch eine Stunde auf diese Weise fortgeredet, und seine Zuhörer waren eben so erstaunt als aufmerksam. Madame konnte sich kaum der Thränen enthalten, so sehr war sie von der pathetischen Rede unsers Helden gerührt. Ihr Ehgemal aber umarmte den Sprecher, und bedankte sich höchlich, daß er sichs so sehr angelegen seyn liesse, ohne Rüksicht für seine Ruhe zu sorgen. Die Dame, der es daran lag, ihre Ehre nicht aufs Spiel zu sezen, wenn sie Trenk Lügen strafte, unterstüzte ihn treflich in seinem Plan, und schien sich nach und nach ergeben zu wollen. Und nun gieng zwischen Mann und Frau eine Art von Aussöhnung vor, welche beneidenswerth gewesen seyn würde, wenn es nicht eine Theater — Versöhnung gewesen wäre. Trenk aber gewann am meisten dabei. Er machte sich von dem Zutrauen des Herrn Gemals so sehr Meister, daß jener nicht nur nicht eifersüchtig mit ihm war, sondern ihm vielmehr alle Freiheit gestattete mit seiner Frau allein umzugehen, weil er glaubte, daß alle ihre Zusammenkünfte nur seine Ruhe zum Zwek hätten. Ob er sich geirrt habe, ist eine Frage, die sich von selbst beantwortet. Was aber Trenk in diesen Zusammenkünften redete oder that, das können wir aus Mangel eines Zeugen nicht erzählen. Uns und dem Leser bleibt also nichts übrig — als — zu rathen. Uebrigens deucht uns diß in vorgelegtem Fall nicht so schwer. Wenigstens können wir versichern, daß Trenk seine Zeit nicht mit philosophiren zugebracht hat, da er wohl wußte, was der Wohlstand erforderte, und daß es sich nicht schikke, eine Dame unter vier Augen durch abstrakte Säze zum Gähnen zu bringen; und das getrauen wir gleichfalls zu versichern, daß er seine Zeit nicht mit dem blossen Anschaun verdorben hat. Wie dem auch sei, der Gemal wars zufrieden, und hatte würklich Ursache es zu seyn, da Madame P. W. doppelt zärtlich gegen ihn zu werden anfieng, und das aus dem einzigen Grunde, weil er sie mit Trenk allein ließ. Keins von allen dreien verlor also, nicht nur nicht, sondern gewann vielmehr durch dieses Bekehrungsgeschäft, besonders aber der Ehgemal, der 9. Monde nachher die Ehre hatte, sich Vater nennen zu lassen.

Dreizehntes Kapitel.

Worinn eine vom Schauplaz verschwundene Person dem Leser überraschen dörfte, wenn er kein Phlegmatiker ist.

Mitten im Taumel des Vergnügens vergaß jedoch unser Held die Pflichten nicht, die er seiner Monarchin schuldig war. Die Räuber hatten inzwischen noch immer fortgefahren, das Land zu plündern, zwar hatte Trenk einige Offiziere wider sie ausgeschikt, allein diese konnten nur wenig ausrichten. Er beschloß also selbst wider sie auszuziehen, und that es an der Spize von 50. Husaren, die ihm für die wichtige Unternehmung hinlänglich zu seyn schienen. Er hatte gehört, daß sie eben ein nicht weit entferntes Dorf ausgeplündert hätten, und paßte ihnen in einem Gebüsch auf, durch das sie gewöhnlich passirten. Ihren eigentlichen Aufenthalt, wo sie ihre Gefangenen und die Beute verwahrten, hatte man noch nicht erfahren. Als die Räuber nahe zum Gebüsch herzogen, schikt' er ihnen vier der Seinigen entgegen, mit dem Befehl, sich gleichfalls als Räuber anzugeben, und dieselbe zu bitten, sie in ihre Gesellschaft aufzunehmen. Sie sollten sodann ausspionnieren, wo die Räuber die Nacht hinzubringen pflegten, in der Dunkelheit sich wegstehlen, und ihn davon benachrichtigen. Die List gelang nach Wunsch, und die Husaren vollzogen den Auftrag aufs pünktlichste. Die Mitternacht war bereits vorüber, als einer von ihnen dahereilte, und unsrem Helden die Nachricht brachte, daß die Räuber in eben diesem Gebüsch übernachteten, wo sie eine grosse und geräumige Höhle hätten, die aber für jeden, der die Gelegenheit nicht wüßte, unzugänglich wäre. Trenk brach nun alsbald mit den Seinigen auf, sie unvermuthet zu überfallen. Er fand sie alle so sehr im Schlaf und Wein begraben, daß er, nachdem er einen grossen Theil derselben niedergehauen hatte, die übrigen mit geringem Widerstand zu Gefangenen machen konnte. Nun durchsuchte er die ganze Höhle, und fand, daß sie in mehrere kleine abgesondert war, welche eben so viel Kerker zu seyn schienen. Sie waren mit Leuten angefüllt, welche aus den benachbarten Dörfern hinweggeführt und hier eingesperrt worden waren, bis sie beträchtliche Summen für ihre Ranzion erlegt hatten. Ausser den Gefangenen waren un=

ermeßliche Reichthümer in denselben verborgen, welche Trenk nach Essek transportieren und von da aus ihren Eigenthümern wieder zustellen ließ. Aber noch etwas weit sonderbareres fand er zu seinem gröſten Erstaunen daselbst, so sonderbar, daß es einer Fabel ähnlich sieht; und Trenk selbst anfangs zu träumen wähnte, bis er sich durch seine Sinnen von der Würklichkeit überzeugte. Nochmal fielen ihm die Worte des Zigeuners ein:

— „Du wirst
Was du nicht vermuthet finden!“ —

Denn — hört und staunt — er fand in einer der Seitenhöhlen seine schon zum zweitenmal verlorne Lestoch wieder. Sie war aber so blaß und abgehärmt, daß er sie mit Mühe erkannte. Er glaubte deswegen anfangs, daß ihn seine Augen täuschten. Als er aber die Baronessin sprechen hörte, welche ihn versicherte, daß sie es leibhaftig wäre, so konnte er nicht Worte genug finden, sein Erstaunen auszudrükken. Er machte hundert Fragen an sie, und die Baronessin begann hierauf folgende Erzählung: „Es scheint, als ob irgend ein widriger Dämon sich ein boshaftes Vergnügen daraus machte, gerade in dem Zeitpunkt, wo wir unsere Wünsche zu erfüllen glaubten, dieselbe zu täuschen. So giengs vor den Pforten Wiens, so vor Donauwörth. Statt daß ich hofte, Sie bald daselbst zu sehen, Sie zu sehen, um uns auf immer zu vereinigen, bekam ich einen Brief von einem Unbekannten, der mir deutlich sagte, daß mein ehmaliger Gemal gewußt hätte, sich in Freiheit zu sezen, und daß er mir die blutigste Rache geschworen hätte. Kalte Ueberlegung, ob der Brief wahr oder verrätherisch wäre, war meine Sache damals nicht. Genug ich fürchtete alles von Baron Lestoch, im Fall er frei seyn sollte, und hielt es fürs beste, mich zu flüchten, eh ich nimmer im Stand wäre, mich seinen Verfolgungen zu entziehen. Ich floh, ohne zu wissen, wohin. Aber gefehlt hab' ich, daß ich Ihnen meinen Entschluß nicht schriftlich kund machte, wenn mich gleich auf der andern Seite die Furcht, der Brief möchte in unrechte Hände gerathen, entschuldigen könnte. In der tiefsten Stille der Nacht eilt' ich von dem Dorfe hinweg, das Sie mir zum einstweiligen Aufenthalte bestimmt hatten, und irrte einige Tage, ungewiß, wohin ich mich wenden wollte, umher. Endlich entschloß ich mich, in meine Vaterstadt zu reißen, und mich dort so lang im Stillen aufzuhalten, bis Sie der einbrechende

Winter aus dem Felde zurükrufen würde. Aber Himmel! wie sehr hat mich meine Hofnung betrogen. Meine Reise gieng zwar glüklich von statten, aber ach! das Schikſal wollte, daß ich einige Meilen von Eſſek dieſen Leuten in die Hände fallen mußte, aus deren Händen Sie mich ſo eben errettet haben. Gott! was mußt' ich ſeit einigen Monaten dulden. Doch ich ſchweige. Meine Geſtalt, mein elender Anzug mag Ihnen ſagen, was ich nicht genug beſchreiben könnte." Hier brach die Baroneſſin ab; die Kräften verlieſſen ſie, noch mehr aber, als ſie aus der hölliſchen Kluft, die nie ein Sonnenſtral beleuchtet hatte, entriſſen, wieder reinere Himmelslüfte athmete. Sie ſank in Ohnmacht, und Trenk hatte alle Mühe, ſie wieder zu ſich ſelbſt zu bringen. Er ſuchte, ſie ſo bequem als möglich aus dem Gehölze in ein benachbartes Dorf tragen zu laſſen, und ſodann weiter mit ihr nach Eſſek zu fahren. Nach und nach ſammelten ſich ihre geſchwächte Lebensgeiſter wieder, und Trenk hatte unterwegs Zeit, ihr ſeine bisherigen Abentheuer mit ihrem nun ſicher beerdigten Gemal, den verrätheriſchen Plan deſſelben und ſo weiter zu erzälen. Sie war empfindſam genug, als ſie ſeinen Tod vernahm, eine Zähre des Mitleids ſinken zu laſſen, die jedoch Trenk bald wegzutroknen wußte. Schneller als sie es vermutheten, kamen sie in Essek an, da sie sich immer noch etwas zu sagen hatten. Dort übergab sie Trenk geschikten Aerzten, welche für ihre Wiederherstellung sorgen mußten, und wünschte ihr eine so sanfte Nachtruhe, als wir allen unsern Lesern wünschen, die gewiß nicht fehlen kann, wenn sie so lang als Madame Lestoch nicht auf weichen Betten geschlafen haben.

Vierzehntes Kapitel.

Worinn zwei Damen den Helden in Verlegenheit setzen.

Daß Trenk nicht ermangelt habe, ihr den andern Tag einen guten Morgen zu wünschen, wird jeder unserer Leser vermuthen, der auch nur ein bißchen in der Etiquette bewandert ist. Trenk besuchte sie alle Tage, aber immer heimlich, daß P. W. sein neues Verhältniß nicht erführe. Wenn Aristipp es nicht leicht fand, aus dreien Reizenden die Schönste auszuwählen, wie viel Schwierigkeiten würde er gefunden haben, zwei auf einmal zu lieben, ohne daß er sich gegen eine oder die andre verfehlt hätte. In dieser in der That kritischen Lage nun befand sich Trenk. Er fühlte nur zu sehr, daß die alte Leidenschaft gegen Madame Lestoch in seinem Busen mit ihrer Anwesenheit wieder aufgewacht war, und daß dieser jede nachherige Zärtlichkeit gegen andere Personen weichen mußte. Ob die Allgewalt der ersten Eindrükke, oder die menschliche Unbeständigkeit Schuld daran sei, lassen wir unentschieden. Uebrigens in Vergleich mit Madame P. B. behielt Lestoch immer den Vorzug, aber Trenk wollte nur eine Zusammenkunft derselben verhüten, der er in der That nicht ohne Schamröthe hätte beiwohnen können. Die Parthie, die er bei so bewandten Umständen nahm, war die, die gewöhnlich alle diejenige nehmen, die sich in seinem Fall befinden. Er schmeichelte sich, mit beiden in einem guten Verständniß leben zu können, ohne daß eine von der andern etwas wüßte, und es schien ihm nicht schwer in beider Anwesenheit sich theilen zu können, wie er es vorher gethan hatte, da die Gegenstände getrennt waren. Einige Zeit lang gieng alles gut. Allein „die Liebe leidet nicht Gesellen," sagt ein alter aber wahrer Gesang. Der Fall kam bald, der unsern Helden in grosse Verlegenheit sezte. Um sich nun von dem Zwang, den ihm sein Verhältniß mit Madame P. B. auferlegte, zu befreien, entschloß er sich bälder, als er mußte, sich nach Wien zu begeben, unter dem Vorwand, daß ihn dringende Geschäfte dahin abriefen, und das um so mehr, da er wußte, daß es nur von ihm abhieng, Madame Lestoch zu bereden, die Reise mit ihm dahin zu machen. Und in der That diese entsprach seinen Wünschen vollkommen, aber nicht so Ma-

dame P. V., welche viele Schwierigkeiten mach=
te, ihn sobald abreißen zu laſſen. Trenk ſchmei=
chelte ſich bereits, auch dieſe von der Nothwen=
digkeit ſeiner Abreiſe überzeugt zu haben, und
rüſtete ſich völlig zum Abzug, als den nemlichen
Abend, da er ſich ſchon vom Kommendanten
und ſeiner Gemalin verabſchiedet hatte, ihn lez=
tere nochmal von ſeinem Zimmer abrufen ließ,
und ihm ſagte, daß ſie durch dringende Bitten
ihren Gemal bewogen hätte, mit ihr nach Wien
zu fahren, und dort den Karnevals Luſtbarkeiten
beizuwohnen. Sie bät' ihn deswegen, ſeine Ab=
reiſe noch um einige Stunden aufzuſchieben, um
ſodann gemeinſchaftlich in einer Kutſche den Weg
dahin machen zu können, weil ſie in ſeiner Ge=
ſellſchaft zu reißen wünſchte. Ein Blizſtral, der
vor ſeinen Augen in die Erde geſchlagen hätte,
würd' ihn weit weniger betäubt haben, als dieſe
Nachricht. Innerlich konnte er ſich nicht darüber
freuen, und äuſſerlich durft' er ſeinen Widerwil=
len nicht merken laſſen. Mit der größten Mühe
verſtellt' er ſeine Verwirrung, und ſagte mit er=
zwungener Freundlichkeit, daß ihm ein ſo glükli=
cher Zufall nicht anders als willkommen ſeyn
könnte, und ſagte das in dem nemlichen Augen=
blik, da er auf alle Mittel ſann, ſich von der

Ehre zu befreien. Er verließ sie, ohne etwas Bestimmteres zu sagen, aber verließ sie in der Meinung, daß sie ihn den folgenden Morgen wieder sehen würde, um nach der Mittagstafel gemeinschaftlich nach Wien zu fahren. Von ihr hinweg eilt' er zu Madame Lestoch, welche er mit Einpacken beschäftigt fand. Sie konnte die Unruhe seiner Seele in seinen Augen lesen. Seine Worte waren so zerstreut und abgebrochen, daß die Baronessin nothwendig vermuthen mußte, es müßt' ihm irgend ein widriger Zufall begegnet seyn. Trenk, um ihr die geheime Marter seines Herzens zu verbergen, wußte keine bessere Entschuldigung zu finden, als ihr zu sagen, daß er ein wenig unpaß wäre. Und dieser Vorwand diente ihm auch, sich bälder von ihr weg und nach Hause zu begeben, wo er ernstlich über seine kritische Lage nachdenken konnte. Diese Nacht war für ihn eine Höllennacht. Tausendmal lieber hätt' er gewünscht, zwischen zwei Feuern mit Gefahr seines Lebens in einer Schlacht zu stehen, als zwischen zwei Damen in Gefahr, bei der einen oder andern eine verächtliche Rolle zu spielen. So viel er auch nachdachte, so fand er doch für seinen Zustand kein Mittel, das ihm dienlich schien. Vergebens wälzt' er sich die ganze Nacht herum und dachte nach), welche von beiden Damen den nächsten Morgen die Gäste seyn sollte. Um alles Gold der Welt hätte er nicht gewollt, daß ihn eine von Beiden mit Recht einen Betrüger oder Undankbaren nennen könnte. Aber mit Beiden konnte er unmöglich nach Wien reisen. Entschliessen mußt' er sich ein für allemal, welcher er den Vorzug geben sollte. Sein Herz erklärte sich für die Baronessin von Lestoch, aber auf der andern Seite rieth ihm die Klugheit, gegen Madame P. B. gleichfalls nicht undankbar zu seyn. C'est un pésant fardeau, d'avoir un grand merite.

Fünfzehntes Kapitel.

Welches nicht das Langweiligste im ganzen Buch ist, und worinn der Held zwei Rollen zugleich spielt.

Der Tag begann bereits zu grauen, während dem unser Held noch immer mit sich selbst uneinig war. Endlich aber entschloß er sich, irgend eine bessere Ausflucht von der Zeit zu erwarten, und glaubte schon viel zu gewinnen, wenn er nur zwei einzige Stunden gewänne, mit Madame Lestoch nach Wien vorauszufahren, ohne sie mit ihrer unbekannten Nebenbuhlerin zusammentreffen zu lassen. Er sprang früh Morgens aus dem Bett, sezte sich an ein Tischgen und schrieb an Madame P. V. folgendes Billetchen: „Madame, ein Geschäft von bringender Wichtigkeit nöthigt mich, einige Stunden vor Ihrer Abreise abzugehen. Daß Sie nicht aus Gefälligkeit gegen mich eilen, mach' ich Ihnen meinen Entschluß kund. Auſſer dem wär' es nicht gut, Ihrem Gemal Gelegenheit zu einem neuen Verdacht zu geben. Zehn Meilen von hier will ich Sie erwarten. Sollten Sie aber vor mir daselbst eintreffen, so geben Sie sich die Mühe nicht, auf mich zu harren; hält mich keine Hinderniß ab, so will ich vor Abend daselbst ankommen. Lieben Sie mich indeß, der ich in tiefster Ehrfurcht bin," u. s. w. Mit diesem verschraubten Billet glaubt' er sich genugsam gegen alle Vorwürfe verschanzt zu haben. Die Hauptsache beruhte nur noch darauf, seine Reise so einzurichten, daß er mit Madame P. W. nirgends unter Wegs zusammentraf. Denn sonst würde ihm die Larve übel abgerissen worden seyn. Er empfahl das Billet einem Freund, es der Madame P. W. eine Stunde nach seiner Abreise zuzustellen, sezte sich mit Baronessin von Lestoch in eine Postchaise, und eilte Wien zu, vest entschlossen, sich unter Wegs keinen Augenblik länger als nöthig wäre, aufzuhalten. Wie sich Madame P. W. gebärdete, als sie unverhoft sein Billet erhielt, wissen wir nicht, nur so viel können wir sagen, daß sie auf die Beständigkeit Trenks Verdacht schöpfte, aber immer noch das Beste hofte, bis sie Gelegenheit finden würde, sich völlig von der Wahrheit zu überzeugen. Trenk fuhr inzwischen Tag und Nacht fort, und seine Begleiterin, der freilich diese Art zu reißen nicht sonderlich be-

hagte, schloß daraus, daß er die dringendsten
Geschäfte haben, und dieselbe um so bedeutender
seyn müßten, da er die ganze Reise hindurch die
geheimnißvollste Miene annahm. Endlich lang=
ten sie in Wien an. Trenk miethete dort für die
Baronessin ein Quartier in dem abgelegensten
Theil der Stadt, um desto sicherer, wenn auch
Madame P. V. angekommen wäre, beide besu=
chen zu können, ohne entdekt zu werden. Nach=
dem er sich auch auf diesen Fall verwahrt glaub=
te, so gab er bei der Baronessin von Lestoch vor,
daß er sich auf einige Tage von Wien entfernen
müßte, weil er in dringenden Geschäften mit ei=
nem Minister von Hof, der gleichfalls abwesend
war, zu besprechen hätte. Seine Absicht aber
war, wie der Leser leicht vermuthen wird, auch
die andere Rolle im Stük mit Madame P. V.
fortzuspielen. Er sezte sich in eine Postchaise,
und fuhr 20. Meilen von Wien rükwärts an den
Ort, den er der Madame P. V. bestimmt hatte,
um sich das Verdienst zu erwerben, Wort ge=
halten und sie daselbst erwartet zu haben. Und
in der That es gelang vortrefflich. Trenk kam
noch einen halben Tag früher an dem bestimm=
ten Orte an. Denn die Kommendantin reißte
langsam, um desto sicherer unsern Helden daselbst

anzutreffen. Statt daß Trenk glaubte, Vorwürfe wegen seiner beschleunigten Abreise zu bekommen, entschuldigte sich Madame P. B. auf ihrer Seite, daß sie so spät eingetroffen wäre. Trenk freute sich in der Seele, eine Person, in deren Augen er eigentlich schuldig war, und die er um Verzeihung bitten sollte, um Vergebung bitten zu sehen. Er glaubte eine löbliche Handlung darinn unternommen zu haben, daß er ein Frauenzimmer hinter das Licht zu führen im Stand gewesen wäre, und hoffte in Zukunft bei ähnlichen Fällen ein Gleiches thun zu können. Allein —

> Seid im Betrügen noch so klug —
> Lang währt das Blendwerk nicht.
> Das Sprüchwort sagt: „Es geht der Krug
> Zum Wasser, bis er bricht."

Einige Zeitlang gieng in Wien alles gut. Er genoß die Gunst beider, ohne daß sein verliebter Zirkel bekannt geworden wäre, und ohne daß es ihm eine Unannehmlichkeit gekostet hätte. Ob er beide gleich stark geliebt habe, oder ob eine getheilte Leidenschaft eines verliebten Herzens unmöglich sei, mag unser Held selbst entscheiden. „Ich weiß," sagt er, „daß grosse Geister es mit allen Maximen der Philosophie und der Vernunft

versucht haben. Sollte man es einem Soldaten
verargen, den Philosophen zu machen? Oder
sollt' es mir nicht vergönnt seyn aus Erfahrung
zu sprechen? Sehen wir nicht häufige Beispiele
von Frauen, die sich trefflich zwischen Gemal
und Liebhaber zu theilen wissen? Sollte ein Mann
von Welt nicht das Nemliche thun können, und
sich zwischen zwei Frauenzimmer theilen? Wer
mich damals gefragt hätte, ob ich lieber Ma=
dame P. W. oder die Baronessin Lestoch verlieren
wollte, so hätt' ich geantwortet, am liebsten
wollt' ich beide beibehalten, denn der Verlust
der einen oder der andern würde mir gleich em=
pfindlich seyn." So räsonniert Trenk, aber un=
möglich war es, beide lange beizubehalten, weil
es in dem menschlichen Leben Zufälle giebt, die
die vorsichtigsten Plane der Vernunft von Grund
aus zernichten.

  Dem einen glückts, oft wider alle Regeln
  Zwei Winde zu benützen, und damit
  Vom ofnen Meer zum Haven einzusegeln;
  Indeß ein anderer dem Sturm entgegen sieht,
  Der beide zur unglückseligen Stunde
  Gebrauchen will. — Sie kreuzen sich
  Und blasen mit aufgeschwollenem Munde
  Den armen Schiffer fürchterlich
  Samt Schiff und Hoffnungen zu Grunde.

Wie viele Beispiele von solchen giebt es nicht, die mehrere Jahre hindurch zwei verschiedenen Göttinnen ihre Seufzer und ihre Opfer darbringen? Wenn es auch unserm Helden eine Zeitlang glükte, so dauerte dieser sein Wonnestand nicht lange, und die Unruhe, die er nachher deßhalb empfand, überwog die Freude bei weitem. Seine Glükseligkeit hörte auf, nicht aus Mangel an Vorsicht von seiner Seite, sondern irgend ein widriger Dämon machte sich ein boshaftes Vergnügen daraus, seinen Taumel zu unterbrechen. Und da er zwei Rollen spielen wollte, lief er Gefahr, keine gut auszuführen, — und alles zu verlieren, weil er zu viel verlangte.

> Ihr Celadons, die ihr zu wenig Ruhme
> Des Männerherzens euch vertheilt,
> Und Schmetterlingen gleich von Blum zu Blume
> Mit gaukelhaften Schwingen eilt.
> Saugt nun aus diesem Beispiel euch die Lehre,
> Eh ihr zu spät den Flattersinn bereut,
> Daß der, der Aller Gunst begehre,
> Zulezt mit Allen sich entzweit.

Sechszehntes Kapitel.

Welches zeigt, daß die Kaffeevisiten oft die schlimmsten Folgen haben.

Noch kannten sich Madame P. W. und Baronessin Lestoch nicht weiter, als dem Namen nach. Aber ein unglükliches Ungefehr für unsern Helden wollte, daß sie eines Tages bei dem Besuch einer der ersten Hofdamen zusammentreffen mußten. Doch das hatte noch nichts zu bedeuten. Man sprach anfangs von schön Wetter, neuen Moden, von der Nachbarschaft, Haußgenossen, dem Hofmeister, Kostgängern, Bedienten, Mägden und so ferner; unglüklicher Weise aber fiel endlich der Discurs auf den Krieg. Trenks Name ward begreiflich dabei nicht vergessen, und das um so weniger, da sich eine jede es zur Ehre anrechnete, ihn persönlich und genau zu kennen. Baronessin Lestoch war die erste, der es entschlüpfte, daß sie erst kürzlich in seiner Gesellschaft von Essek nach Wien gereißt wäre. „Verzeihen Sie," fiel ihr Madame P. W. hizzig in die Rede, „das kann unmöglich seyn, er machte die Reise mit mir." „Sie werden mir doch meine fünf Sinnen nicht absprechen wollen," erwiederte Lestoch. „Mit mir kam er." Ihr Dissput wurde immer feuriger; keine wollte Unrecht haben, und keine hatte es in der That. Sie wurden endlich so erbittert auf einander, daß die eine ihren Gemal, und die andere Trenk selbst zum Zeugen aufzustellen erbötig war. Sie schieden als Todfeindinnen von einander, und beide schöpften gegründeten Verdacht auf die Treue unsers Helden. Trenk, der von dem Ungewitter nicht das Geringste geahndet hatte, war den andern Morgen eben im Begrif, ganz gemächlich eine Tasse Chokolade auszuschlürfen, als er von Baronessin Lestoch ein Billetchen erhielt, worinn sie ihm den gestrigen Vorfall benachrichtigte, und ihm verdiente Vorwürfe machte, daß er in Rüksicht ihrer wo nicht ungetreu doch wenigstens unredlich gehandelt haben müßte. Trenk wurde über dieses Schreiben zwar in etwas nachdenklich, aber doch schien es ihm bei dem ersten Anblik nicht schwer, sich aus dieser Verlegenheit loszureißen. Er fand gar keine Schwürigkeit, ihr darauf zu antworten, und war unbesonnen genug, ihr folgendes schriftlich zurükzusenden. „Madame, es ist ganz wahr, daß ich mit Madame P. W., die ich in Essek kennen gelernt habe, ein Stük Wegs nach Wien zurükgelegt habe; aber ich halt' es nicht für nöthig, Sie zu versichern, daß ich in Ihrer Gesellschaft von Essek abgereißt bin, da ich keinen bessern Zeugen als Sie selbst anführen kann. Beide können Recht haben, ohne daß meine Aufrichtigkeit im geringsten dabei verliert. Uebrigens seh' ich die Nothwendigkeit nicht ein, um eine solche Kleinigkeit sich zu zanken. Lassen Sie immer Madame P. W. behaupten, was ihr gefällt; ich höre dennoch nicht auf, was ich war, und mit aller Hochachtung seyn werde Ihr Trenk." Mit dieser Antwort glaubt' er, daß Baronessin Lestoch sich gewiß begnügen und weiter keinen Lermen machen würde. Denn da er in Geschäften, wie er sie beredet hatte, alsbald nach seiner Ankunft in Wien, eine Reise hatte machen müssen, unter Wegs Madame P. W. von ungefehr angetroffen hatte, und in ihrer Gesellschaft nach Wien zurükgefahren war, ohne Madame Lestoch ein Wort zu sagen, so meint' er nicht gehalten gewesen zu seyn, ihr von allen seinen Handlungen Rechenschaft abzulegen, und hoffte wegen diesem Fehler mit wenigen Entschuldigungsworten Verzeihung zu erhalten. Mit dieser Hofnung schmei=

chelt' er sich, und dachte nicht weiter an den
Vorfall; aber es vergiengen kaum zwei Stun=
den, als er von Madame P. W. ein anderes
Billet fast vom nemlichen Innhalt, aber so abge=
faßt erhielt, daß er in die größte Beschämung
gesezt ward. Sie gab ihm deutlich genug zu
verstehen, daß er mit Fleiß einen Vorwand ge=
sucht hätte, um ohne sie von Essek in Gesell=
schaft ihrer Nebenbuhlerin nach Wien abzureißen.
Die Sache war in der That so, aber Trenk woll=
te, daß sie es nicht seyn sollte. Die Beschä=
mung wegen einem offenbaren Widerspruch raub=
te ihm den Gebrauch der Vernunft und der Sin=
ne so sehr, daß er nicht wußte was er thun
sollte. Denn wenn er klug gewesen wäre, so
hätt' er seine Entschuldigungen nimmermehr zu
Papier gebracht, weil sich schriftliche Zeugnisse
nie abläugnen lassen, da hingegen mündliche
Worte hie und da Verdrehungen leiden. Er war
zum zweitenmal unbesonnen genug, auch auf die=
ses Billet schriftlich zu antworten. Seine Ant=
wort war übrigens in Ausdrükken abgefaßt, die
ihm seine Verwirrung eingab. „Madame," fieng
er an, „ich verstehe Ihr Billet ganz und gar
nicht. Welcher schlimme Geist entflammte in Ih=
nen das grausame Vergnügen, mich quälen zu

wollen? Ich läugne nicht, Baronessin von Lestoch schon seit geraumer Zeit zu kennen. Aber was ist das für eine Reise, die ich mit ihr gemacht haben soll, und wie? und wann? Ich erinnere mich, vergangenes Jahr mit ihr gereißt zu seyn. Erklären Sie sich deutlicher, wenn es Ihnen gefällig ist, daß ich mich rechtfertigen kann, aber lassen Sie nur diese spizfindige und sophistische Schwachheiten bei Seite, wenn Sie wollen, daß ich mich von Ihnen geliebt glaube. Seyn Sie gewiß versichert, daß ich der Ihrige und unfähig bin, Sie zu beleidigen Trenk." Nachdem er auch dieses Billet fortgeschikt hatte, glaubt' er, die alte Ruhe wieder hergestellt zu haben; aber diese Ruhe glich einer Meeresstille, die früher oder später in den schröklichsten Sturm ausbricht.

Siebenzehntes Kapitel.

Worinn der Held demasquirt wird, und mit Schimpf abzieht.

Unter beiden wider ihn aufgebrachten Damen glaubt' er Baronessin von Lestoch am leichtesten wieder besänftigen zu können, theils weil sie ihn schon länger kannte, theils weil er hoffte, daß sie wegen einer solchen Kleinigkeit seine alte Freundschaft nicht gänzlich verschmähen würde. Er gieng also zuerst den nemlichen Nachmittag zu Madame P. B., um zu versuchen, ob er sie etwa besänftigen und einen Zwist in Güte beilegen könnte, der ihm bei beiden wenig Ehre machte. Zum Glük, wie er meinte, fand er sie allein, und hatte Muse genug, all' ihre Beschuldigungen anzuhören, und ihr seine Exzeptionen entgegen zu sezzen. Er behauptete in allem Ernst, daß Baronessin Lestoch vielleicht die Reise meinte, die er voriges Jahr mit ihr gemacht hätte, und daß nichts Arges dahinter stäke. Denn wie leicht könnte es geschehen, daß sich zwei aufgebrachte

Damen misverstanden und ein Jahr mit dem andern verwechselt hätten. Trenk unterstüzte seine allem Schein nach beifallswürdige Ausflucht mit so viel Gründen, daß Madame P. B. nachzugeben und überzeugt zu werden schien. Um sie noch mehr zu überzeugen, stimmte er in allen Tadel ein, den eine aufgebrachte Dame wider ihre Nebenbuhlerin vorzubringen vermag, und den sie würklich gegen die Baronessin Lestoch vorzubringen sich erlaubte. — Er glaubte, daß sie von der Brust weg spräche, und wider seinen Willen gab er ihr aus bloßer Politik Beifall. Denn eher hätt' er den Tod gewählt, als gehört zu werden, da es ganz wider seinen Karakter war, in die Klasse derjenigen niederträchtigen Seelen versezt zu werden, die ins Gesicht schön zu thun wissen, und hinterrüks ihrer Lästerzunge freien Lauf lassen. Er glaubte, daß seine Worte in diesem Zimmer auf immer begraben seyn würden, denn sie waren in einem Kabinet, das selbst gegen das Eindringen der Luft verwahrt schien. Madame P. B. hatte ihn, wie er meinte, um nicht ihre Eifersucht vor der ganzen Familie merken zu lassen, wider ihre Gewonheit da hineingeführt. Die Heftigkeit, womit sie ihn empfangen, und der abgesonderte Ort, wo sie ihn hin=

geführt hatte, gaben ihm nicht den geringsten Verdacht, um so mehr, da er ganz andere Dinge im Kopf hatte, und alles dieses auf Rechnung ihrer eifersüchtigen Grille schrieb. Mit verwirrtem Gemüthe denkt man dergleichen Kleinigkeiten nicht nach, die einem bei heiterer Seele von selbst auffallen. Seine Hauptabsicht gieng nur dahin, Madame P. W. von seiner Ehrlichkeit zu überzeugen, und diß zu thun, hielt' er alle Mittel für erlaubt. In Rüksicht der Baronessin Lestoch wurden also zwar zu seinem Mißfallen gewisse Sachen vorgebracht, die ihr nicht sonderliche Ehre machten. Trenk sah sich genöthigt in alle üble Nachreden, woran er vielleicht selbst den grösten Antheil hatte, mit einzustimmen, wenn er nicht durch Stillschweigen hätte zu erkennen geben wollen, daß er in irgend einem nähern Verhältniß mit ihr stünde. Aber diese Maxime konnte nie gefährlicher, nie schlimmer als hier angewendet werden. Er sah es zu spät ein, und die bitterste Reue folgt' auf einen so unverzeihlichen Fehler. Beide waren im besten Begriff, der Baronessin Lestoch ihre Lobrede zu halten, als sich plözlich eine versteckte Wandthüre des Kabinets aufthat, und sie selbst in die Mitte trat, Ohren= und Augenzeugin ihrer Lobsprüche zu werden. Ein Wunder wars, daß sich unser Held bei diesem Anblik noch auf den Füssen halten konnte, wenigstens wünscht' er vor Scham in die Erde zu versinken. Anfangs glaubt' er, diese unvermuthete Komparse müßte das Werk einer Zauberin oder seiner erhizten Einbildungskraft seyn. Aber die Sache war nun einmal gewiß; und um je mehr sie ihn überraschte, desto schwerer war' es ihm ein Auskunftsmittel zu erfinden. Er sollte sich auf der Stell' entschliessen, und bei dieser tragischen Scene diejenige Rolle spielen, die sich am besten für seine gegenwärtige Umstände schikte, aber er war nicht im Stand, seine Gedanken zu sammeln. Sollt' er sich stellen, als ob er sie nicht kennte, und fortfahren, sie mit Niederträchtigkeit zu verspotten? Sein Herz litt es nicht, das zu thun. Sollt' er seine Fehler, seine Untreue, seine Verwirrung gestehen? Das erlaubte sein Stolz nicht. Hätt' er anfangen müssen zu sprechen, er würd' in Ewigkeit geschwiegen haben. Gut war es für ihn, daß die Damen die Stille unterbrachen, und zwar zuerst Madame P. W. „Kommen Sie immer," rief sie der Baronessin zu, „kommen Sie immer, und machen Sie durch Ihre Gegenwart diesen Lügner erröthen. Wenn er läugnet in Ihrer Ge-

sellschaft nach Wien gekommen zu seyn, so soll
er auch zu läugnen sich erfrechen, daß er Sie je=
mals gekannt habe; aber er mag es immer läug=
nen, ich bin von Ihrer Unschuld und seiner Falsch=
heit hinlänglich überzeugt. Unglaublich schien
mirs, daß er mit uns beiden die nemliche Reise
hätte machen können, aber izt glaub' ich es, un=
geachtet ich das Wie? noch nicht begreife, und
nicht hoffen darf, die Wahrheit von ihm zu er=
fahren. Ich argwohnte, Sie hätten sich einer Un=
wahrheit aus blosser Eitelkeit gerühmt, um mei=
ne Eifersucht zu erwekken, aber meine Nebenbu=
lerin, ich glaub' Ihnen nun alles ohne den ge=
ringsten Zweifel, da wir mit einem Mann zu
thun haben, der wol fähig ist, uns alle beide zu=
mal zu betrügen. Wir wollen uns nicht mit der
Hoffnung täuschen, ein aufrichtiges Bekenntniß
seines Fehlers aus seinem Munde zu vernehmen,
es soll uns genug seyn, ihn gemeinschaftlich des=
halb zu züchtigen. Gleich übel von ihm behan=
delt, müssen wir ihn gleich zornig hassen, und
ihn nie wieder unter unsre Augen treten lassen.
Es ist billig, daß der, der zu viel haben wollte,
nichts bekomme, und in die Grube stürze, die er
mit eigenen Händen aufwarf. Was mich anbe=
trifft, so hab' ich mich nun deutlich genug er=

klärt, und fühle mich stark genug, den Anfang mit dem zu machen, was ich andern rathe. Folgen Sie meinem Beispiel nicht, so sind Sie keine Frau von Ehre, und verdienen nicht anders von Männern behandelt zu werden, als auf eine ähnliche Art. So viel ich von Ihnen vernommen habe, so lieben wir beide einen Undankbaren; so viel ich mit meinen Augen sehe, so sezt er einen Ruhm darein, unser Verräther zu seyn; so viel ihn selbst angeht, so mag er izt sich hinter das Ohr schreiben, daß, wenn er Damen betrügen will, er sie suchen mag, wo er sie findet." Mit diesen Worten wandte sie ihm verächtlich den Rükken, begab sich in das nächste Zimmer, und ließ ihn so verwirrt zurük, daß er weder Worte noch Muth hatte, sie zu unterbrechen, noch weniger einen Vorwand zu seiner Entschuldigung auffinden konnte.

Achtzehntes Kapitel.

Ich lobe mir den gesunden Menschenverstand.

Troz der Ekstase seiner Verwirrung sah er wohl ein, daß er in Rüksicht der Madame P. B. nichts mehr zu hoffen hätte, und daß sie für ihn so gut als verloren wäre. Er wünschte also, um nicht alles zu verlieren, wenigstens sich wieder mit der Baronessin auszusöhnen. Allein diese war aufgebrachter, als die andere, wie konnte er es also hoffen? Nachdem er kurze Frist gewonnen hatte, sich ein wenig von seiner Bestürzung zu sammeln, wollte er mit Entschuldigungen beginnen. „Madame P. B." fieng er an, „ist eine Thörin, oder was für Gründe hat sie, die sie bewegen könnten, auch Ihnen den Verstand rauben zu wollen?" Die Baronessin ließ ihn nicht weiter fortreden; gleich einem Tyger fuhr sie ihm mit wütenden Händen ins Gesicht, und donnerte das zweite Verdammungsurtheil auf ihn nieder. Sie erklärt' ihm kurz, aber beissend, daß die Zusammenhaltung seiner beiden Billets sie von seiner Verrätherei deutlich überzeugt hätte; nachdem jede die eitle Hofnung, den Sieg allein davon zu tragen aufgegeben hätte, so wär' ihnen beiden die Binde von den Augen gefallen. In dem nemlichen Augenblik, da er gekommen wäre, hätten sie sich verabredet, sich auf der Stelle wegen seiner Untreue zu rächen, und Madame P. B. hätte sie in das anstossende Zimmer verstekt, sich mit ihren eigenen Ohren von seiner Falschheit zu überzeugen. Zu der nur allzuwahren Erzählung dieses Vorfalls fügte sie noch alle die bitteren Verweise hinzu, die ihr Wuth und Eitelkeit eingeben konnte. Ihre damals nicht eben gute Glüksumstände machten sie weder furchtsam noch eigennüzzig. Sie versicherte zwar, daß sie sich aus Lieb' und Freundschaft für ihn herzlich gerne dem äussersten Elend ausgesezt haben würde, aber befahl ihm zu gleicher Zeit, es nicht mehr zu wagen, vor ihre Augen zu kommen, und sezte mit einem drohenden Blik hinzu, er möchte nun, da ihr bisheriger vertrauter Umgang gänzlich aufgehoben seyn sollte, ihren guten Namen schonen, sonst würde sie Mittel finden, ihm mit Gewalt das Maul zu stopfen. Diese lezte Drohung klang besser in dem Mund' eines Soldaten als einer liebenden Dame, aber ungeachtet sie Trenk nicht fürchtete, so sezte sie ihn doch in nicht kleine Beschämung. Er fühlte, daß er Unrecht hatte, aber sein natürlicher Stolz ließ es ihm jezt nicht mehr zu, sich durch Komplimente zu erniedrigen, und durch kriechende Handlungen ihren Zorn zu entwafnen. Zwar versucht' er nochmal sich zu entschuldigen, aber sie gab ihm keine Zeit auszureden, schoß den lezten verächtlichen Blik auf ihn, und ließ ihn allein im Zimmer zurük. Eine Zeitlang stand er unbeweglich wie eine Statue. Endlich aber sammelt' er sich wieder aus seiner Lethargie. Was kümmr' ich mich, dacht' er bei sich selbst, um diese beide Närrinnen? Die Zeit wird ihre Wunden schon heilen! Oder soll ich Ihnen zu lieb gleichfalls ein Narr werden? Nein! ich lobe mir den gesunden Menschenverstand. Mit diesem Selbsttrost eilt' er die Treppe hinunter und begab sich in sein Quartier zurük. So gleichgültig er das Hauß der Madam P. W. verlassen zu haben glaubte, so wenig war er es gewesen. Sein Blut und seine Galle sprudelten gleich heftig. Da er keine Hofnung mehr hatte, sie je wieder aussöhnen zu können, so sann er auf Rache. Da sie ihm ihre Freundschaft aufgekündet hatten, so glaubten sie ihn badurch zu züchtigen; und er glaubte, sich am besten rächen zu können,

wenn er zeigte, wie wenig er sich um diese Züch=
tigung bekümmerte. „In verliebten Zwistigkei=
ten," sagt' er, „pflegt das die erste Rache zu
seyn, die Liebhabern einfällt. Wenn uns eine
Dame verachtet, so bleibt uns kein süsseres Ver=
gnügen, und für sie keine empfindlichere Beleidi=
gung übrig, als wenn wir zeigen, daß wir noch
andere Damen finden können, die sich mit unserer
Liebe glüklich schäzzen." Was das aber für Da=
men sind, die sich zu Rachkreaturen der Art brau=
chen lassen, wird der Leser in der Folge finden.
Genug Trenk glaubte, sich an Madame P. V.
und der Baronessin Lestoch nicht empfindlicher rä=
chen zu können, als wenn er ihren Plaz durch
irgend einen Gegenstand schlimm oder gut wie=
der ersezte. Alle seine Gedanken giengen nun
dahin, sobald als möglich mit einer andern Göt=
tin Aufsehen zu machen, weil er nicht zweifelte,
daß es beiden Damen zu Ohren kommen müßte,
und gewiß hofte, daß sie nicht gleichgültig bei
einem Gerüchte von der Art bleiben würden.
Ob er auf die Eigenliebe der beiden Damen
nicht zu viel getraut, oder ihnen nicht vielmehr
Stoff zum Lachen als zur Galle gegeben haben,
werden wir in der Folge sehen. Aber daß es
besser war, auf ein Extrem von der Art zu ver=

fallen, als sich eine Kugel durch den Kopf zu jagen, oder gar in die Schärfe seines eigenen Schwerdts zu fallen, wird jeder glauben, der sein Daseyn zu schäzzen weiß.

Neunzehntes Kapitel.

Welches nicht für Agnesen geschrieben ist.

Wenige Tage nach diesem Vorfall besucht' ihn ein Offizier, sein Freund, der gleichfalls bei Madame P. V. freien Zutritt hatte. Trenk glaubte, da er zu einer ungewöhnlichen Stunde zu ihm kam, daß er den Auftrag hätte, beide wieder mit einander auszusöhnen. Aber er betrog sich. Der Offizier schlug ihm vor, eine Lustparthie mit einigen guten Freunden mitzumachen, in deren Gesellschaft er ihn versicherte, daß er keine Langeweile den ganzen Nachmittag über verspüren würde. Trenk erkundigte sich, ob auch Frauenzimmer dabei wären. Der Offizier bejaht' es, und nannt' ihm unter andern einige Theaterprinzessinnen, welche in Wien bereits solches Aufsehen erregt hatten, daß wenigstens hundert Dichterlinge in rührenden Oden an sie gestorben waren, hundert Lieutenants wegen gemachten Präsenten am Hungertuch nagten, und hundert Sekretairs durch ihre Lorgnetten sich blind gegukt hatten. Zeigten sie sich auf dem Theater, so war des Geklatschens kein Ende, noch ehe sie ein Wort gesprochen oder eine einzige Aktion gemacht hatten. Trenk kannte sie schon, und die Gelegenheit schien ihm die erwünschteste von der Welt, heut' eine Eroberung zu machen, die ihn in den Stand sezte, seinen Plan auszuführen. Ohne Weiteres nahm er die Einladung an, und gieng an den bestimmten Ort. Aber wär' er nie dahin gegangen, so würd' er nachher nicht so viel Ursache gehabt haben, seine Unbesonnenheit und alle üble Folgen, die daraus entstanden, zu verfluchen. Er fand an dem angezeigten Ort die schönsten Mädchen Wiens versammelt, und glaubte

> In Machmuds Himmel einzutreten.
> Er fand die reizendsten Brünetten
> Mit schwarzen Augen, von Amoretten
> Umgaukelt, und feurigen Blikken, die
> Selbst einen Stoiker entzündet hätten.
> Hier lokt ihn ein alabasternes Knie
> Nur halb bedekt, und dort ein niedlicher Fuß. —
> Je zwischen den Braunen saßen Blondinen,
> Mit sanftern Blik und sanftern Mienen,
> Die voll Bescheidenheit zum fröhlichen Genuß
> Der Liebe einzuladen schienen.
> Er glaubte nach Paphus sich versezt;
> Der süßeste Wolgeruch stieg auf aus silbernen Vasen,
> Und hauchte Wollust in die Nasen.

> Ein Nektarähnliches Getränke nezt
> Die von dem Kuß erhizte Lippen, und sezt
> Den Körper in neue Glut; die üppigsten Töne
> Erschallten von fern im erleuchteten Saal:
> Halbnakte Nymphen bereiteten das Mahl. —
> Kurz, was die fünf Sinnen je ergözt,
> Den sechsten nicht vergessen, fand er, in Flammen
> Beim blossen Anblik schon gesezt,
> An diesem Zauberort beisammen.

Vor allen andern aber reizt' ihn Demoiselle R., welche damals auf dem Wienertheater mit dem größten Beifall tanzte. Sie vereinigte mit ihrer Kunst und ihren körperlichen Reizen einen glänzenden Verstand, und viele Personen von Distinktion schämten sich nicht, sie genauer zu kennen. Kaum war unser Held in den Saal getreten, als sie sich mit ihm in ein Gespräch einließ, und es so lange fortsezte, daß er bald der Gegenstand des Neides aller Anwesenden wurde. Sie sagte ihm, sie hätte schon lange grosse Achtung für ihn als einen Mann gehabt, dessen Namen so oft mit Ruhm genannt worden wäre, und den sie als einen ausserordentlichen Krieger hätte preissen hören. Keine Leidenschaft betrügt einen Menschen mehr, als die Eitelkeit, und diese bricht nicht selten allen andern die Bahn. Die Lobsprüche, die ihm Demoiselle R. diesen Abend

ertheilte, erforderten seine Dankbarkeit, und diese
artete bald in eine Leidenschaft aus, die von ihr
mit allem Fleiß unterhalten wurde, und in kurzem anfieng äusserst heftig zu werden. Er schied
nicht von ihr, ohne sich die Erlaubniß ausgebeten
zu haben, sie besuchen zu dörfen, und er besuchte sie in ihrem Hause nicht, ohne verliebt von
ihr wegzugehen. Alles schien sich wider ihn verschworen zu haben, ihn in das ausgespannte Nez
zu jagen. Selbst seine Freunde wünschten ihm
Glük zu einer Eroberung, von der sie sagten,
daß sie um so rühmlicher für ihn wäre, je weniger sie so vielen andern gelungen wäre. Zudem
kam noch der süsse Gedanke, neue Gelegenheit
gefunden zu haben, sich an Madame P. V. und
der Baronessin von Lestoch zu rächen. Mit Freuden und mit offenen Augen eilt' er nun einem
Abgrund entgegen. Er wünschte, daß sein neues
Glük sobald als möglich den Baronessinnen zu
Ohren kommen möchte, und konnte kaum die
Stund' erwarten, wo er seine Schöne im Triumpf
denselben unter die Augen führen wollte, um das
Vergnügen zu haben, sie vor verstekter Wuth
bersten zu sehen. Die Gelegenheit, die er mit
der grösten Sorgfältigkeit aufsuchte, ereignete sich
bald. Er miethete auf dem Theater eine Loge

so nahe bei seinen Feindinnen, daß dieselbe alles sehen konnten, was darinn vorgieng, und verschwendete an Demoiselle R., die ihn darinn aufsuchte, so viele Schmeicheleien, daß beide Baronessinnen leicht seinen Plan errathen konnten. Trenk glaubte sich auf dem höchsten Gipfel des Glüks, da er sah, daß diese Pille würkte. Madame P. W. und Baronessin Lestoch lachten wie Verzweifelte darüber, aber ihr Lächeln glich eher verbissenen Schmerzen als der Freude. O wie sehr verblenden uns Leidenschaften. Hätte damals jemand Trenk ins Ohr geflüstert, wie sich seine verliebte Rache enden würde, so hätt' er wol eingesehen, daß er sein eigener Zuchtmeister in dem Augenblik war, da er andere züchtigen wollte.

Zwanzigstes Kapitel.

Worinn der Held Gefahr läuft, am Beutel geprellt zu werden, und etwas sucht, das kaum zu finden ist.

In wenigen Tagen hatte sich Demoiselle R. so sehr von seinem Herzen Meister gemacht, daß er selbst anfieng deßhalb unruhig zu werden, und ihm alle Personen, die sonst ihr Hauß zu besuchen gewohnt waren, verhaßt wurden. Besonders fünf, die ihm von ihr vorzüglich begünstigt zu seyn schienen, waren ihm unerträglich. Von seiner Leidenschaft verblendet fieng er an, sich deßhalb bei Demoiselle R. zu beschwehren, daß er so viele Nebenbuhler um sich sehen müßte. Sie stimmt' in seinen gerechten Unwillen ein, aber entschuldigte sich mit solchen Ausflüchten, die Personen von der Art, die Alles für Alle seyn müssen, gewöhnlich sind. Uebrigens gestand sie aufrichtig, daß sie gerne wünschte, sich von diesen ihren fünf Beschüzzern loszumachen, um ihm allein zuzugehören; aber fügte sie hinzu: die eiserne Nothwendigkeit, einen bellenden Magen

zu stillen, zwinge sie, einen andern Theil ihres
Körpers aufzuopfern. Beim Ton dieser Glokke
hätte Trenk, wenn er klug gewesen wäre, ab-
brechen, und sich in einen Diskurs von der Art
nicht tiefer einlassen sollen. Aber seine Leidenschaft riß ihn dahin, voreilige Vorschläge zu
thun, und sie zu fragen, wie viel sie von ihnen
zu ziehen hoffte. Sie dacht' ein wenig nach, und
gestand ihm mit aller Freimüthigkeit, daß ihr ein
jeder von ihnen ein Geschenk von 200. ungrischen
Dukaten versprochen hätte, und daß ihre Umständ' es nicht erlaubten, eine so schöne Gelegenheit, ihr Glük zu machen, ausser Acht zu lassen. Eine solche Summe Geldes schien unserm
Helden beträchtlich genug, eine Theaterprinzessin
dahin zu bringen, daß sie ihm den Ueberrest einer Blum' aufopferte, die, wie er leicht vermuthen konnte, unter Amors Händen schon manches Blättchen verloren hatte. Aber dennoch dacht'
er, finden sich Mädchen von der Art nicht überall, wenn er gleich hinzuzudenken vergaß, daß
die Venusritter eben so selten sind, die tausend
Dukaten um cyprische Lorbeere verschwenden. Aber
er war bereits in seinen Ausdrükken zu weit gegangen. Seine Eifersucht martert' ihn, und Demoiselle R. gebrauchte alle Kunstgriffe sie zu ver-

grössern, statt sie zu vermindern. Er verlangte, möcht' es auch kosten was es wollte, sich so viele lästige Nebenbuhler aus den Augen wegzuschaffen. Auſſer dem schmeichelt' er sich auch mit der Ehre, das allein zu Gunsten eines Frauenzimmers thun zu können, was sie von fünf vereinigten Anbetern erwartete. Er sagt' ihr frei heraus, sie sollte sich von so vielen Besuchen losmachen, und es ihm allein überlassen, sie wegen dem Verlust zu entschädigen. Mit Thränen im Auge versprach sie ihm alle Gefälligkeit und ein Opfer, das ihre Umständ' allein ihm zu bringen sie nöthigten. Verliebte glauben alles. Um ihr zu zeigen, daß er sie nicht mit blossen Hofnungen abspeissen wollte, bracht' er ihr gleich den andern Tag einen Beutel mit tausend Dukaten, und bat sie um die Erfüllung ihres Versprechens. Trenk glaubte sich nun allein in dem Besiz eines Gutes, auf das so viele Ansprüche gemacht hatten, und glaubte der glüklichste Mann auf dem Erdenrunde zu seyn. —

<blockquote>
So tappt im Finstern der verliebte Blinde,
Und glüklich preist er sich in eitlem Wahn —
Doch reißt ein Ungefehr von seinem Aug' die Binde —
So klagt er Welt und Gott und seine Thorheit an.
</blockquote>

Diese vermeinte Glükseligkeit mußt' unser Held nur allzutheuer büssen. Sie war bald nachher seine Schande und er durch sie das Gespötte seiner Bekannten. Aber die Mine war so gut angelegt, daß sie Tausenden seines Gleichen verborgen geblieben wäre. Seine Liebe mit Demoiselle R. war auf den höchsten Grad der Glükseligkeit gestiegen, als es Amorn gefiel, ihm die Binde wegzureissen, und ihm zu zeigen, daß in seinem Reich sich Niemand ewig glüklich nennen könne. Trenk konnte sagen, daß er sich eigentlich mit seinen tausend Dukaten ihre Gunst erkauft und den Schlüssel zu ihrem Herzen gefunden hätte, der immer noch seit Danaens Zeiten gute Dienste leisten soll; aber er war so wohl damit zufrieden, als wenn sie ihm selbst diese Summe zum Geschenk gemacht hätte. Da er sich allein in dem Besiz ihrer ganzen Liebe glaubte, so hätt' er Tonnen Goldes auf ihre Treue in dem Augenblik verwettet, da jede ihrer Liebkosungen ein neuer Betrug war. Ein unglükliches Ungefehr verwehte den Zaubernebel vor seinen Augen, aber die Entzauberung versezte ihn in einen solchen unbehaglichen Zustand, daß er tausendmal wünschte, ewig in seiner Blindheit geblieben zu seyn.

Einundzwanzigstes Kapitel.

Worinn dem Helden der Staar von den Augen abfällt.

Unter andern Galanterien hatt' er auch der Demoiselle R. eine goldene Tabatiere, die etwa 50. Dukaten gekostet hatte, zum Präsent gemacht. Eines Abends stand er auf der Redoute neben einem Offizier, den er bloß dem Gesicht nach kannte, am Pharaotische. Der Offizier spielte äusserst unglücklich, und verlor eher all sein Geld, als den Willen, noch weiter zu verlieren. Er wurd' unsern Helden gewahr, zog ihn bei Seite, bat ihn, er möcht' ihm 30. Dukaten leihen, und gab ihm eine goldene Tobakdose, die ungleich mehr werth war, indeß zum Pfand. Trenk brachte sie nicht sobald vor Gesicht, als er sie für die Nemliche erkannte, die er Demoiselle R. geschenkt hatte. Tausend verwirrte Affekte bestürmten in dem nemlichen Augenblik seine Brust, aber der Offizier drang in ihn, er möcht' ihm die 30. Dukaten auszahlen, weil er nothwendig fortspielen müßte. Trenk zählte sie ihm hin, behielt die Tabatiere, und hatte nun Zeit, seine Bemerkungen darüber anzustellen. Als er allein war, untersucht' er sie genauer, weil er glaubte, er könnte sich beim ersten Anblik betrogen haben, aber er fand nun leider, daß sie es würklich wäre. Demoiselle R. war eine Ungetreue, eine Undankbare, wenn sie einen solchen Misbrauch von seinen Geschenken machte, und die zur nemlichen Zeit, da er ihre Gunst allein zu besizen hoffte, sich mit Andern auf seine Kosten lustig machte. Seine erste Entschliessung, die Sach' ins Klare zu bringen, war gewaltthätig, ungestümm, wie sie sich für seinen Karakter schikte. Er wollte sich auf der Stelle zu ihr ins Hauß begeben, und sie mit Schimpfworten und Vorwürfen überhäufen, aber zu gutem Glük fiel ihm ein, daß er noch nicht alles wüßte, was vielleicht noch schlimmer seyn könnte. Daß sie, wenn er nun gleich Lermen machen würde, sich zur Vertheidigung gefaßt machen könnte; daß es also, um sie ihrer Untreue gänzlich zu überführen, besser wäre, sich ein wenig zu verstellen. Diese Gedanken machten, daß er sich zwang, vor der Zeit zu schweigen, um keine übereilten Schritte zu thun. Diese Nacht bracht' er in einer höllischen Unruhe zu, und dacht' einzig nach, mit Gewißheit zu erfahren,

wie weit die Vertraulichkeit der Demoiselle R.
mit dem Offizier, dem sie seine Tabatiere ge=
schenkt hatte, gehen könnte. Den andern Mor=
gen sucht' er auszuspionnieren, wo er wohnte,
um von da aus seine Schritte zu beobachten,
und das Terrain zu untersuchen. Aber umsonst.
Niemand konnt' ihm seine eigentliche Wohnung
sagen. Er aß in seinem Quartier, hielt sich den
ganzen Tag über in einem Spielhauß auf, hatte
in keinem Gasthof einen vesten Aufenthalt, son=
dern alle nahmen ihn gleich gut auf, wenn er
es bedurfte, kurz, er war einer von denjenigen,
welche weder Hauß noch Obdach haben; nicht,
daß sie es nicht haben könnten, sondern weil sie
es nicht haben wollen, damit sie desto unbemerk=
ter leben und treiben können, was ihnen gefällt.
Diese irrende und unstete Lebensart des Offiziers
vergrösserte den Verdacht Trenks desto mehr, und
machte ihn noch begieriger, hinter das Geheim=
niß zu kommen. Er bestellte einen seiner Ge=
treuen, der ihm auf allen Schritten aufpassen
mußte, und dieser bracht' ihm in einigen Tagen
die Nachricht, daß sich der Offizier fast jede
Nacht ziemlich spät in ein Hauß zurükzöge, das
nicht fern von dem der Demoiselle R. wäre, und
dessen Eingang er sich mit Fleiß gemerkt hätte,

um es ihm, wenn er es verlangte, zu zeigen. Trenk unterließ nicht, sich durch seine eigenen Augen zu bestärken. Und würklich lag das Hauß, wo der Offizier sich des Nachts hinbegab, gerade hinter dem, wo Demoiselle R. logirte, und zwar so nahe, daß es nur durch die bloße Wand von dem andern abgetrennt schien. Der Eingang war nicht auf die Hauptstraße, sondern in ein abgelegenes Winkelgäßchen gerichtet. Alle diese Umstände zusammengenommen machten unsern Helden nur desto argwöhnischer. Zwar war er in der Wohnung seiner Göttin nicht so bewandert, daß er wissen konnte, ob sie mit der seines Nebenbuhlers irgend einen verborgenen Zusammenhang hätte, aber es zu vermuthen, braucht' es eben nicht vielen Scharfsinn. Tausend verwirrte Ideen entflammten seine Phantasie, und tausend gewaltsame Entschliessungen eines Rasenden wogten in seiner Seele. Es kam darauf an, verrathen, im Beutel geprellt zu seyn, und die Fabel der ganzen Stadt zu werden. Doch that er sein Möglichstes sich zu halten, aber nichts weiter. Zur gewöhnlichen Stunde begab er sich zur Demoiselle R. mit Lächeln auf der Lippe, aber mit Galle im Herzen. Er gab sich alle Mühe, daß sie nichts von seiner innern Unruhe wahrnehmen sollte, und sein Augenmerk gieng nur dahin, einen jeden Winkel im Zimmer auszuforschen, um zu sehen, ob nicht irgend eine Oefnung verborgen wäre, die mit dem andern Haußle, das ihm so verdächtig geworden war, zusammenhienge. Es war nicht leicht, ins Klare zu kommen, da die Mauer mit einer so dikken Tapete überzogen war, daß man nicht unterscheiden konnte, ob etwas dahinter stäkke. Er gab endlich die Hoffnung auf, vor heute mehr zu erfahren, und begab sich nach Mitternacht in sein Quartier zurük. Aber kaum war er dahin gekommen, als es ihn reute unverrichteter Dinge abgezogen zu seyn. Er schämte sich vor sich selbst wegen seiner Dummheit, und kehrte wieder um, in der Hoffnung Demoiselle R., die ihn nun nicht mehr erwarten würde, zu überraschen. Er überraschte sie würklich. Sie konnte ihre Verwirrung nicht bergen, entschuldigte sie aber dadurch, daß sie eben im Begriff gewesen wäre, sich zu Bett zu legen. Trenk stellte sich, als hätt' er ihr zu sagen vergessen, daß er sie den andern Morgen nicht sehen könnte, weil ihn wichtige Geschäfte irgend wohin abriefen; er wäre deßwegen nochmal umgekehrt, sich von ihr zu beurlauben. Während dem er ihr diese Fabel vor-

schwäzte, bemerkte er in einem Winkel des nem=
lichen Zimmers, wo die Tapeten von ungefehr
einen Riß bekommen hatten, als wenn der schwa=
che Schein eines Lichts durchschimmerte. Mehr
brauchte es nicht, um seinen geschöpften Ver=
dacht wahr zu machen. Was ihn aber in dem=
selben noch mehr bestärkte, war ein Rundgesang,
der ein nicht fernes Bacchanal zu verrathen schien,
ungefehr folgenden Inhalts:

Amor lächelt frohen Zechern.
Wonne schwebt um ihn und Hell.
Unter laubbekränzten Bechern
Spizt er schärfer seinen Pfeil.
 Brüder! auf die Becher winken
 Amors Ehren Eins zu trinken.

Chor.

Brüder ja! die Becher winken,
Amors Ehren Eins zu trinken.

Jedes Mädchen solle leben,
Das der Becher zärtlich macht,
Das bei Küsse — nehmen — geben
Freundlich uns entgegen lacht.
 Brüder auf! die Mädchen winken,
 Küssend ihnen zuzutrinken.

Chor.

Brüder auf! die Mädchen winken,
Küssend ihnen zuzutrinken.

Welche Wonnen! welch Entzücken!
Halb bei Wein und halb bei Kuß!
Mund an Mund und Glas zu drücken,
Vom Genusse zum Genuß!
   Laßt uns küssen, laßt uns trinken,
   Weil uns Glas und Mädchen winken.

Chor.

Laßt uns küssen, laßt uns trinken,
Weil uns Glas und Mädchen winken.

Ha! es schwebt mit Flügelelle
Jede Lippe nach Genuß.
Jedes Tröpfgen wird zum Pfeile.
Jede Wunde heil' ein Kuß. —
   Brüder! auf! die Mädchen winken,
   Hin in ihren Arm zu sinken.

Chor.

Brüder! auf! die Mädchen winken,
Hin in ihren Arm zu sinken.

Unsre Wirthin solle leben,
Die uns doppelt zärtlich macht,
Und bei Küsse — nehmen, — geben
Freundlich uns entgegen lacht.
   Brüder, bis die Sterne sinken,
   Laßt uns küssen, laßt uns trinken. —

Chor.

Brüder, bis die Sterne sinken,
Laßt uns küssen, laßt uns trinken. —

Kaum war die lezte Strophe an Trenks Ohren erschollen, als er sich dem verrätherischen Riß nahte. Doch hielt er noch an sich, heftete einen staunenden Blik auf denselben, und einen andern auf das Gesicht der Demoiselle. Sie änderte plözlich die Farbe und ihre Wangen überzog To= desbläſſe. Gleich als wenn ihn ihre Verwirrung von dem, was würklich war, überzeugt hätte, sprang er wütend auf, faßte mit der einen Hand das Licht und zerriß mit der andern die Tapeten. Hinter denselben fand er eine verbor= gene Thüre. Ohne zu versuchen, ob sie sich auf= schlieſſen lieſſe, sprengt' er sie mit den Füſſen ein, und sah — was ihr im nächsten Kapitel vernehmen werdet.

Zweiundzwanzigstes Kapitel.

„Wie mans treibt, so gehts."

Nicht anders, als wenn der Vorhang auf dem Theater aufgezogen wird, sah Trenk eine Scene. Die er in seinem Leben nie zu sehen gewünscht hätte, der erste Akt stellte ein prächtig meublirtes Zimmer vor, wo mehrere Personen bei einer köstlichen Malzeit saßen. Unter andern Akteurs befand sich jener Offizier, dem Trenk jene dreißig Dukaten geliehen hatte, und jene andre fünf, die ihn tausend gekostet hatten, um sie nicht zu Nebenbuhlern zu haben. Es war kein Wunder, daß Trenk keinen Ausfall unter sie wagte, weil er unbeweglich wie versteint bei diesem unvermutheten Schauspiel stand. Er sah ohne Brille, daß seine Verrätherin unter der Zahl der Zecher begriffen seyn müßte, da ihr Posten am Tisch leer war, und sah deutlich ein, daß sie wegen seiner unverhofften Zurükkunft denselben hätte verlassen müssen. Was würd' ein jeder anderer in seinen Umständen gethan haben?

Seine Ehre wollte, daß er alle diejenige, die sich offenbar auf seine Rechnung lustig machten, zur Rechenschaft gezogen hätte. Aber welchen Ruhm würd' er davon getragen haben, wenn er sein Leben gegen so viele aufs Spiel gesezt hätte, blos um sich wegen der Untreue eines Frauenzimmers zu rächen. Billiger und vernünftiger war es, daß er auf sie allein seinen Zorn fallen ließ, und sich bald an den Offizier wandte, der ihm seine Tabatiere zum Pfand gegeben hatte, und ihm, indeß er ihm dieselbe aufs Teller warf, mit kurzen Worten zurief: „Mein Herr! ich brauche meine 30. Dukaten, wer Ihnen die Büchse gab, kann mir auch die 30. Dukaten ersezzen, ohne etwas von dem Seinigen dazuzuthun." Der Offizier antwortete auf diesen beissenden Vorwurf nicht das Mindeste, grief in seine Tasche, zählte die schuldige Summe, stellte sie Trenk zu, und sagte ganz trokken: „Wie man's treibt, so gehts." Alle andere wiederholten diese Worte mehrmal. War Trenk vorher aufgebracht, so war er es izt noch mehr, da er den Sinn dieser geheimen Worte nicht fassen konnte. Zwischen Scham und Unwillen wußt' er nicht mehr, wo er war. Er war im Begriff zur Unzeit den Helden zu machen; aber zum Glük für ihn war sei=

ne Verwirrung so groß, daß er sich nicht entschliessen konnte, an wem er sich zuerst rächen wollte. Wüthend lief er endlich in das Zimmer der Demoiselle R. zurük, um über sie seinen ganzen Zorn auszulassen. Aber ihr guter oder schlimmer Engel hatte sie hinweggeführt, und so sorgfältig sie Trenk in dem ganzen Hauß aufsuchte, so war sie doch nirgends zu finden. Aber unser Held mußte nun ein für allemal, sei's über was es wollte, seinen Grimm ausschütten. Im Zorn seiner nicht mehr mächtig brach er auf alles los, was ihm in die Hände oder unter die Augen kam. In tausend Stükken zerhakt' er ihren Haußrath. Spiegel, Porzellän, Gläser, kurz alle Galanterien, die das Zimmer auszierten, zerschmettert' er in tausend Trümmer. Selbst ihr pot de chambre fand in seinen Augen keine Gnade. Da lag ein Heiliger, dort ein Priap, hier ein P. Cochem, dort ein Dom Bougre u. s. w. Nachdem er so all' ihre Zimmer, als wenn er sie mit Sturm erobert hätte, im Grimm seines Zorns zerstört hatte, so gieng er mit etwas abgekühlter Galle in sein Quartier zurük. Keine grausame Marter, keine Rache wider die undankbare R. war, die ihm dort nicht einfiel. Die Wunde seines Herzens und seines Beutels schmerzte ihn gleich

H 2

heftig. Sie hatt' ihn in Zeit von wenigen Wochen einen Schaz gekostet, und der Schade, den er ihren Meubles im Unwillen zugefügt hatte, war bei weitem keine Vergeltung für ihre Verrätherei. Er wollt' immer noch eine grössere Rache, und jede die er ausgesonnen hatte, war ihm immer noch zu klein. In diesem Strudel seiner Gedanken fielen ihm die kurze Worte, mit denen ihn ihre Tischgenossen verspottet hatten, ein: „Wie man's treibt, so gehts." Ihr habt recht, rief er in der Hizze aus, wie man's treibt, so gehts. Nun bin ich gerade so behandelt, als ich beide Damen P. B. und Lestoch behandelt habe. Wie wenn ihm eine Binde von den Augen weggenommen worden wäre, dacht' er allen Umständen dieses Vorfalls genau nach, und zweifelte am Ende nimmer, daß ihm beide Damen diese Falle gelegt haben könnten, sich an ihn zu rächen. Sein Verdacht dauerte die ganze Nacht hindurch, aber den andern Morgen ward er Gewißheit. Denn kaum hatt' er das Bett verlassen, als er von Madame P. B. ein Billet erhielt, welches ihn nicht wenig beschämte. Sie rühmte sich in demselben, daß sie sich nun auf die nemliche Art gerächt sähe, als er sie behandelt hätte, und bedauerte zugleich spöttisch seinen gehabten Verluſt. Wie weit geht nicht die Wuth einer Dame, die, in der Liebe verrathen, Rache verlangt? Konnte man eine Kabale feiner anlegen, um unſern Helden zu ſeinem groſſen Schaden das erfahren zu laſſen, was er zu ſeiner Schande andern zugedacht hatte? Da er zwei Damen zum Beſten hatte, ohne einer einzigen zuzugehören, ſo verdient' er in der That, daß eine Verrätherin, welche ſich ſtellte, die Seinige zu ſeyn, und die er mit Geld erkauft hatte, ſich einem jeden Preiß gab, der übrige Dukaten hatte. Troz der Wuth, die noch immer in ſeinen Adern wallte, ſah er ein, daß er ſich über Niemand als ſich ſelbſt zu beklagen hätte. Ohne Zweifel würde ſeine Beſchämung noch gröſſer geworden ſeyn, wenn er Lärmen gemacht hätte. Er beſchloß alſo, den ganzen Vorfall mit Stillſchweigen zu unterdrükken. Ein Glük für ihn wars, daß die Zeit heranrükte, wo ein neuer Feldzug in Schleſien eröffnet werden ſollte. Da der Aufenthalt in Wien unſrem Helden durch beide widrige Vorfälle verhaßt geworden war, ſo entſchloß er ſich, ſobald als möglich ſich zu entfernen, und ſeinen neuen Panduren, die er nach Schleſien vorangeſchikt und mit 800. Mann rekrutirt hatte, nachzueilen. Seinen Entſchluß auszuführen, braucht' es nur einen einzigen Tag. Ohne seinen Freunden noch Bekannten ein Wort zu sagen, reißt' er von Wien ab, und macht' unter Wegs folgende philosophische Bemerkungen über sich selbst: „Für mich waren die Zeiten des Friedens und der Ruhe immer gefährlicher, als die Unruhen des Kriegs. Denn während dem ich mich mit den Feinden des Staats beschäftigte, so ließ ich dem häußlichen Feind meines Herzens keine Zeit, mir Schaden zu thun. Meine Leidenschaften waren immer meine Tyrannen, und wenige unter den Sterblichen werden seyn, welche nicht das Nemliche werden zugestehen müssen."

In uns ist unsers Glüks und Unglüks Quelle;
Und unser Herz birgt uns den Himmel und die Hölle!

Dreiundzwanzigstes Kapitel.

Worinn der Held der Venus Fahne abschwört, und abermal Mars Panier folgt.

Als Trenk bei der östreichischen Armee wieder anlangte, so hatten sich die Sachen in Oberschlesien merklich geändert. Die Oestreicher hatten nemlich im Sinn gehabt, mit gesamter Macht in Schlesien einzubrechen. Die Hauptarme sollte über die Gebürge hineindringen, die Panduren und Husaren aber indeß den Preussen die Retirade besezzen, und das aus Oberschlesien anrükkende Insurgentenkorps den Feinden in den Rükken fallen. Allein das Kriegsglük schien dißmal ihren Plan nicht begünstigen zu wollen. Es kam bei Strigau und Hohenfriedberg zu einer blutigen Schlacht. Der Verlust der Oestreicher ward auf 18,000. Todte geschäzt. Sie zogen sich daher nach Böhmen bis nach Königgräz zurük, und wußten sich so gut zu postieren, daß den Feinden die Lust vergieng, sie nochmal daselbst anzugreifen. Der Krieg verwandelte sich nun wieder in häufige Scharmützel, wo die irregulären ungrischen Truppen abermals nicht unterliessen, den Feinden zu schaden, wo sie konnten. Ja die Panduren hatten sogar wieder die beträchtliche Westung Kosel an der Oder weggenommen, und dadurch den Paß nach Oberschlesien neuerdings eröffnet. Oppeln, Patschkau, Ottmachau und mehrere Oerter selbiger Gegend befanden sich gleichfalls in ihrer Gewalt. Ihr rechter Flügel reichte von Polen an bis über Oppel, der linke hingegen über Strehlen, Münsterberg und Frankenstein bis an die böhmische Grenze hin. So war die Lage der Sachen, als Trenk wieder eintraf, und das Kommando seiner Panduren selbst übernahm. Obristlieutenant Baron von Dolne stattete ihm nun von allem, was inzwischen bei seinen Panduren vorgefallen war, folgenden Bericht ab: „Als sich der alte Fürst von Dessau in die Winterquartiere zurükgezogen hatte, so hätten die Panduren die Gebürge besezt, und die Feinde von allen Seiten beunruhigt. Freilich hätten sie auch hie und da eingebüßt, unter anderem bei dem Dorfe Rabün. General Nassau hätte nemlich dasselbe zur Nachtzeit in aller Stille mit Husaren und Infanterie eingeschlossen. Ob sich gleich die Panduren, die darinn lagen, einige Stun-

den lang tapfer gewehrt hätten, so hätten sie
doch endlich der Uebermacht der Feinde mit Verlust einiger Todten weichen müssen. Bei der eil-
fertigen Retirade hätten sie auch eine Trommel,
2. Trompeten und einige Füsiliermützen, die sie
vor einem Jahr den Preussen bei Budweiß abgenommen hatten, eingebüßt. Als ferner der
preussische General von Lehwald den 14. Febr.
1745. mit ungefehr 14,000. Mann die Oestreicher aus der Graffschaft Glaz zu delogiren gesucht hätte, hätten sich die Panduren gleichfalls
tapfer gewehrt. Freilich wären, da sie als Vorposten den ersten hizzigen Angriff der eindringen-
den Feinde hätten aushalten müssen, wol gegen
50. Mann bei Habelswerd auf dem Plaz geblieben. Aber dennoch hätten sie den Feind so lang
aufgehalten, bis ein Sukkurs von 4. Bataillons,
3. Eskadrons und 2. Husarenregimentern angelangt wäre. Diß sei die ganze Macht gewesen,
die es mit dem zahlreichen preussischen Korps auf-
genommen hätte. Ausser dem hätten sie nicht
weiter als 2. Stükke bei sich gehabt, da der
Feind neben seinen bei jedem Bataillon gewöhnlichen Kanonen noch mit 8. andern versehen gewesen sei. Bei so bewandten Umständen hätten
sie freilich der überlegenen Macht des Feindes

weichen und Glaz räumen müssen. — Als die
Preussen den 26. März unter General de la
Motte mit ungefehr 12,000. Mann und einem
Train Artillerie bei Ratibor über die Oder ge=
gangen, und es den 29. bei Loslau zu einem
heftigen Scharmützel gekommen wäre, welches von
10. Uhr des Morgens bis Nachmittags um 2.
Uhr angehalten hätte, so hätten die Panduren
gleichfalls nicht wenig dazu beigetragen, daß der
Feind genöthigt worden wäre, sich mit Verlust
von etlich 100. Mann wieder über die Oder zu=
rükzuziehen. Den 20. April hätten sich die Pan=
duren von Ratibor Meister gemacht, und auch
bei Eroberung Troppaus das Jhrige nach Mög=
lichkeit gethan. Als der König von Preussen für
gut befunden hätte, seine Truppen von allen
Seiten zusammen zu ziehen, um sich zur Eröff=
nung des Feldzugs parat zu halten, folglich
auch der Marggraf Karl, welcher bis dahin in
Oberschlesien kommandirt hatte, den gedachten
Theil von Schlesien hätte verlassen müssen, so
hätten die Panduren dieses Korps etliche Meilen
dahin begleitet und bei dieser Gelegenheit ziem=
lich gute Beute gemacht, besonders als die Fein=
de ihr Magazin aus Jägerndorf in Sicherheit zu
bringen im Begriff gewesen wären. Bei Moker

hätten die Panduren die preussische Konvoye attaquirt. Ob sich gleich die Preussen mit den Wägen in eine Quarree gestellt hätten, so wären doch die Husaren in die Wägen eingefallen, und hätten von 600. derselben dem Feind kaum 68. übrig gelassen. Das kalmukische Regiment habe allein 61. Wägen, 59. Tonnen Mehl, 262. Pferde, 8. Ochsen und viele andere Bagage eingebracht. Ja die Feinde hätten selbst viele Tonnen, um sie nicht den Panduren in die Hände fallen zu lassen, zerschlagen, und das Mehl zerstreut, und also das Wenigste von ihrem Magazin gerettet. Der Marsch des Marggraf Karlschen Korps sei über Neustadt nach Neuß gegangen. Nun habe zwar General Festetiz den 19. Mai einen Versuch auf Neustädtel gewagt, weil aber das Städtchen voll Preussen gewesen sei, unverrichteter Dinge wieder abziehen müssen, ungeachtet die Panduren schon das Jägerndorfische Thor eingehauen gehabt hätten, und in die Vorstadt eingedrungen gewesen wären. Den 22. Mai wäre Marggraf Karl selbst in der Gegend von Neustadt angelangt, und habe mitten durch das Feuer der Panduren marschieren müssen, wenigstens 100. Todte auf dem Plaz gelassen, gegen 1000. Blessirte bekommen, und den mehrsten

Theil seiner Bagage= und Munitionswägen nebst der Feldapothek eingebüßt. Das Wichtigste aber was sie unternommen hätten, wäre die Einnahme Kosels gewesen, welche der König von Preussen vor kurzem hätt' erbauen lassen. Den 26. Mai früh Morgens um 2. Uhr sei er mit den Panduren vor derselben angekommen; zwölf Freiwillige hätten sich alsbald in den 15. Schuh breiten Graben gewagt, und da ihnen das Wasser nur bis an die Arme gereicht hätte, so wären ihnen 200. andere und endlich die übrige Truppen nachgefolgt. Die preussische Schildwache hätte zwar alsbald 2. Allarmschüsse losgebrannt. Nichts desto weniger hätt' ein Pandur dem andern den hohen Wall, der mit auswärts rangirten ästigen Bäumen umgeben war, hinangeholfen. Diese hätten sodann den herbeieilenden Feind glüklich zurükgetrieben, eine Batterie mit 5. Stüklen behauptet, eins davon umgekehrt, und auf die Stadt losgebrannt. Angefeuert durch einen so glüklichen Anfang hätte sich ein Lieutenant mit einiger Mannschaft an den innern Wall vorgeschlichen, und hätte den Feind mit dem Säbel in der Faust angegriffen. Ihm seien bald mehrere nachgefolgt, und hätten die Garnison genöthigt, sich von dem Wall in die Stadt zurükzu=

ziehen. Inzwischen hätten die Panduren, die noch draussen waren, ein Thor aufgehauen, und wären mit voller Macht in die Vestung eingedrungen. Dadurch wäre die sämtliche Besazung genöthigt worden, sich auf Diskretion zu ergeben. Die ganze Aktion hätte nicht länger als anderthalb Stunden gedauert. Oestreichischer Seits wären nicht mehr als zehen Todte und einige Verwundete gewesen, unter denen auch der Obristwachtmeister St. Ivary und der trenlische Kapitänlieutenant sich befunden hätte. Feindlicher Seits hingegen seien über 60. Todte, und unter diesen der Obrist und Kommendant von Foris, 1. Obristwachtmeister, 1. Hauptmann, und mehrere blessirte Offiziers und Gemeine gezählt worden. 19. Offiziers und 400. Gemeine wären gefangen genommen worden. Auf dem Wall hätten sie 27. Stükke, worunter 10. metallene ganz neue Zwölfpfünder gewesen wären, mit mehr als 100. Munitionswägen erbeutet, des ansehnlichen Magazins und vieler Schanzzeuge nicht zu gedenken. Zwar hätten die Preussen vorgegeben, daß die Uebergabe des Orts eher der Untreue ihrer Offiziers, als der Tapferkeit der Panduren zuzuschreiben sei. Allein diese Aussage wär' ungegründet. Kleinere Vorfälle, sezt' er, hinzu, woll' er mit Stillschweigen übergehen." Trenk war mit dem Betragen des Barons von Dolne vollkommen zufrieden, stattet' ihm für seine kluge Führung den verbindlichsten Dank ab, und übernahm nun selbst das Kommando seiner Truppen wieder, entflammt von Begierde, sobald als möglich irgend einen kühnen Streich auszuführen, um sich auch in diesem Feldzug neue Lorbeere zu sammeln.

Vierundzwanzigstes Kapitel.

Wo der Leser vor Langerweile ausrufen dürfte: „Pacem te poscimus omnes!"

Er vereinigte sich deswegen alsbald nach seiner Ankunft mit dem Insurgentenkorps, welches sich ziemlich weit in Schlesien ausgebreitet hatte. Der König von Preussen aber hielt es für rathsam, den General Nassau mit einem Korps von 14,000. Mann aus Böhmen nach Schlesien zu detachiren, um den bisherigen Progressen der Feinde Einhalt zu thun. Dieses Korps nöthigte den 10. Jul. die Oestreicher, welche bei Neustadt ihren Sammelplaz gehabt hatten, sich wieder bis nach Jägerndorf zurükzuziehen. Sie besezten Oppeln, Ziegenhain und andere Oerter aufs neue. Trenk wollt' ihnen zwar Ziegenhain wieder entreissen, und hatte bereits des Nachts zwei Thore eingehauen. Als er aber das Städtchen mit so vielen Blauröcken, wie er sagt, angefüllt sah, daß fast kein Apfel darinnen zur Erde fallen konnte, so hielt er fürs Beste, sich mit einem ge=

ringen Verlust an Todten und Blessirten gleichfalls nach Jägerndorf zurükzuziehen. Der oftgenannte Ungenannte aber versichert, daß die Menge Blaurökke nur in 200. Mann bestanden hätten, und Trenk offenbar damals die Gegenstände doppelt gesehen haben müßte. Kurz darauf erhielt Trenk Befehl, zur Hauptarmee nach Königgräz abzumarschieren, bei welcher er mit Anfang des Augustmonats mit zwei Freikompagnieen anlangte. Er dachte nun einen Hauptkoup auszuführen. Die Eroberung Neustadts schien ihm am schiklichsten zu seyn, sich neuen Ruhm zu erwerben. Es war dieses für die Preussen ein sehr wichtiger Posten, welcher den Feinden zu Bedekkung ihrer Konvoyen trefflich diente. Die Eroberung aber war nicht so leicht, als unser Held geglaubt hatte. Das tiefe Thal, worinn der Ort liegt, und wodurch die Metau läuft, ist wegen der Moräste und Sümpfe beinah unzugänglich. Die Gegenden aber, wo man etwa Brükken schlagen konnte, waren mit einer starken preussischen Mannschaft besezt. Hinter diesen Vorposten stand ein Theil des preussischen linken Flügels zur Unterstüzung. Jenseits der Elbe aber befand sich der Rest der preussischen Armee, und erstrekte sich bis auf die Anhöhe bei

Smirschiz, und war durch einen breiten Sumpf
und aufgeworfene Redouten bedekt. General Na=
basti hatte zwar mehrere aber immer unglükliche
Versuche auf dieses Neustadt gewagt. Endlich
aber marschirte Trenk der gedachten Schwierig=
keiten ungeachtet den 6. September mit 2500.
Panduren durch das Glazische gerade auf den
Ort los, vereinigte sich unter Wegs mit dem
kleinen Andresischen Korps, fand Mittel die Me=
tau zu passiren, und Neustadt von der einen Sei=
te den Zugang gänzlich zu sperren. Da er also
die Hauptschwierigkeit, sich nemlich den Mauren
der Stadt zu nahen, glüklich überwunden hatte,
so schmeichelt' er sich schon mit der Hoffnung,
mit dem Ort selbst bald fertig werden zu kön=
nen, und das um so mehr, da er eine Verstär=
kung von 6. Bataillons und 12. Grenadierkom=
pagnieen erhalten hatte. In der Stadt selbst
kommandirte der Major von Tauenzin, welcher
troz des Pandurenfeuers, das bereits den grö=
sten Theil dieses unglüklichen Städtchens in die
Asche gelegt hatte, fünf ganzer Tage hindurch
seinen Posten standhaft vertheidigte. Da Trenk
sah, daß alle seine Mühe eitel wäre, so ließ er
Brunnenröhren abgraben, um sie durch Hizze von
der einen und Durst von der andern Seite zur

Uebergabe zu nöthigen. Drei Tage lang hatte die Besazung, wenn sie nicht aus Pfüzzen trinken wollte, Durst gelitten, und war dadurch aufs äusserste gebracht, als ein Sukkurs von 12,000. Mann unter General du Moulin anlangte, und unsern Helden nöthigte, die fruchtlose Belagerung aufzuheben. Dennoch konnten sich die Feinde nicht länger mehr in Neustadt halten theils aus Wassermangel theils aus andern Umständen. Sie schleiften deswegen den Posten, brachten den noch übrig gebliebenen Proviant auf Wägen, zogen die Besazung heraus, und vereinigten sich wieder mit ihrer Hauptarmee. So erzählt es Trenk, aber der Ungenannte versichert abermal, daß sich unser Held einer That rühme, die ihm vielleicht geträumt hätte, daß der preussische Sukkurs nur aus 3800, und nicht aus 12,000. Mann bestanden wäre, und daß Trenk Neustadt nicht nur nicht belagert, sondern für gut befunden hätte, sich immer in einiger Entfernung davon aufzuhalten. Wir halten es für überflüssig, diese zwei verschiedene Meinungen zu vereinigen, vest überzeugt, daß jeder unserer Leser, der die Gemächlichkeit liebt, unsrem Beispiel folgen wird. Bald darauf zog sich die ganze preussiche Armee über Jaromirz nach Trautenau. Unser Held ward beordert sich an der schlesischen Grenze unweit Braunau und Schönberg zu postiren; General Franquini hingegen eine halbe Meile von Schazlar. Auf diese Weise suchte man den Preussen die Kommunikation mit Schlesien, wo möglich, abzuschneiden, und in dem gebürgichten Lande drei der vornehmsten Pässe gegen Böhmen zu besezen. Da sich zu gleicher Zeit General Nadasti bei Trautenau dem Feind in den Rükken postirte, so wurde der König von Preussen bewogen, den General du Moulin mit einem beträchtlichen Korps gegen Schazlar, General Lehwald mit einem andern gegen Trautenau, und den General Winterfeld mit einem dritten unsrem Helden bei Braunau entgegen zu stellen. Ueberdiß postirte sich das Korps des Obristen von Rezau gegen Schmiedeberg zu, um die Einwohner des Gebürgs gegen die Streifereien Franquinis zu bedekken. So war die Lage der Sachen, als Prinz Karl mit der Hauptarmee gegen Königshof vorrükte, um einen Plan auszuführen, der wenigstens damals am schiklichsten unternommen zu werden schien.

Fünfundzwanzigstes Kapitel.

Worinn dem Leser zum Trost die Materie vom Krieg auf immer beschlossen wird.

Prinz Karl sah, daß der König theils durch die Detaschements, die er in Böhmen und Schlesien theils in Sachsen ausgeschikt hatte, seine Hauptarmee sehr geschwächt hatte, und mußte, daß dieselbe aus nicht weiter als 26,000. Mann bestand. Er hingegen kommandirte eine Armee von 86,000. Ein Leichtes schien es ihm also, diese kleine Häuflein mit seiner überlegenen Macht gänzlich einzuschliessen und gefangen zu nehmen. Der 30. September war der merkwürdige Tag, wo bei Sorau der Plan ausgeführt werden sollte. Aber der König von Preussen hatte das ganze Vorhaben erfahren, und empfieng Prinz Karl so gut, als er ihn einzuschliessen gedachte, daß sich die Bataille zu seinem Vortheil entschied. Trenk aber, der nach dem abgeredten Plan, dem Feind in den Rükken zu fallen, um eine Stunde zu spät kam, fiel mit Na=

dasti in das preussische Lager ein, machte beinah des Königs, des Prinzen von Preussen und Prinz Heinrichs ganze Hofstatt und Bediente zu Gefangenen, und erbeutete die Kanzlei und 6. Kanonen. Die königliche Bagage, silbernes Tafelservice u. s. f. war schon aufgepakt, und Trenk freute sich höchlich, als er sah, daß ihm die Mühe des Einpakkens erspart war. Dem König selbst war nichts weiter übrig geblieben, als wie er gieng und stand. Selbst seine geheime Briefchatoulle fiel unsrem Helden in die Hände, welche er Prinz Karln zustellte, und wodurch Sachen von äusserster Wichtigkeit entdekt worden seyn sollen. In der Kriegskasse befanden sich 80,000. Dukaten, und der Werth der ganzen Beute wurde auf 2. Millionen Dukaten geschäzt. Denn auch die meisten Regimenter vom rechten Flügel hat'n ihre Bagage dahin gebracht, weil sie bei der königlichen am sichersten zu seyn vermeinten. Was sich der Plünderung entgegensezte, wurde niedergehauen, und mehr als 400. ergaben sich als Gefangene. Unter andrem hatten sie eine Menge Pferde, bepakte Maulthiere und Wagen erbeutet, so daß man das schönste Pferd um etliche Dukaten kaufen konnte, der kostbarsten Ringe, Uhren und dergl. nicht zu gedenken, die um Kleinigkeiten hingegeben wurden. Was sie nicht fortbringen konnten, wurde so wie das ganze Lager verbrannt, und unter anderem gegen 100. Ammunitionswägen in die Luft gesprengt. Unter den Gefangenen waren vornemlich der königliche Flügeladjutant von Czeczwiz, 2. Lieutenants, die Herren von Buttler und Bachstein, der geheime Kabinetsrath Eichel, Hofrath Keſſer, geheimer Sekretarius Kopper, Page von Diezenhof, und 107. königliche Hof = und Stallbediente. So beträchtlich aber der Schade war, der dem König durch die völlige Ausplünderung seines Lagers zugefügt wurde, so suchte er dieselbe so wenig zu hindern, daß er vielmehr denen, die ihm Nachricht brachten, daß der Feind ins Lager gefallen wäre, zur Antwort gab: „desto besser, wenn sie etwas zu thun haben, und mich in der Hauptsache nicht hindern." Er wollte die Ehre haben zu siegen, und hatte sie auch würklich, indeß die leichte Truppen sich mit der reichlichen Beute begnügten. Die östreichische Armee zog sich hierauf mit Verlust von 19,000. Mann bis Arnau und Königsfeld zurük, wo sie sich Angesichts der Feinde postirte, ohne daß diese etwas wider sie unternommen hätten; vielmehr schien es, daß sie im Sinn hätten, Böhmen gänzlich zu räumen. Bis zum 5. Okt. blieben sie bei Prausnitz oder Sor stehen, und marschirten sodann nach Altstadt, wo sie bis auf den 15. Okt. stille lagen. Endlich giengen sie über Schazlar bis Libau den ersten Grenzort in Schlesien. Kleine Scharmützel waren inzwischen häufig vorgefallen, und die leichte Truppen säumten sich nicht den Feind, solang er noch in Böhmen war, und auch auf seiner Retirade unaufhörlich zu beunruhigen. Besonders suchten sie denselben bei seinem völligen Abzug aus Böhmen den 12. Okt. in den engen und beschwerlichen Defileen beträchtlichen Schaden zu thun. Während dem Böhmen frohlokte, nun abermal dieses beschwerlichen Gastes los geworden, zu seyn, so war Mähren in der größten Bestürzung, weil der Feind dort einzubrechen und die Winterquartiere zu halten drohte. Allein in dem nemlichen Augenblik, da er es zu thun Miene machte, suchten die Oestreicher in Ober- und Niederschlesien einzubringen, um dort zu überwintern. General Keil rükte auch würklich mit seinem Korps aus Mähren in Oberschlesien ein. Ein Gleiches sollte der Feldmarschall Graf von Hohenemms mit einem andern Korps über Trautenau und Landshut versuchen. Die Hauptarmee aber wollte unter Prinz Karl durch die Lausiz in Niederschlesien einfallen. Die leichte Truppen waren unter Anführung Nadastis, Franquinis und Trenks abermal die Vorläufer, und kamen mit den preussischen Vorposten in manches hizzige Handgemenge. Obristlieutenant Franquini rükte zuerst in Schmiedeberg ein, und machte sich von der Stadt und der Revier Meister. Alsdann wendete er sich mit der Kavallerie nach Hirschberg, und überließ das dasige Kommando dem Hauptmann Baron Schimoda von Vettes, der daselbst wieder das kaiserliche Wappen anschlagen ließ. Nadasti schrieb indeß bei Feuer und Schwerdt eine nahmhafte Kontribution aus, welche Trenk mit Feuer und Schwerdt einzutreiben nicht unterließ, und das um so mehr, da er nicht wußte, wie lange sie in Schlesien verweilen dürften. Landshut, Hirschberg, Schmiedeberg mußten am meisten leiden, denen Trenk wegen der vorigen Retirade von Hohenfriedberg noch nicht gut war. Die Oestreicher hofften indeß schon, ihr in Böhmen zu Maschendorf angelegtes Magazin mit schlesischen Lieferungen reichlich zu füllen, als sich eine unglükliche Begebenheit ereignete, die ihren Plan gänzlich zu Wasser machte. Prinz Karl wurde nemlich von dem König in Preussen genöthigt, die Lausiz eiligst zu verlassen, und sich nach Sachsen zu ziehen, wo sich ein neuer Kriegsschauplaz eröffnete. Da aber daselbst alles für die Oestreicher unglüklich ablief, so sahen sich auch die Truppen, die sich in Schlesien die Winterquartier' ausgemacht hatten, besonders auch durch die preussischen Generale Nassau und Winterfeld genöthigt, sich aus Schlesien zurükzuziehen. Die Sachen schienen für die Oestreicher eine immer noch schlimmere Wendung nehmen zu wollen, als unvermuthet den 25. Dec. der Dreßdner Friede der blutigen Tragödie ein Ende machte; und dieser mag auch dem Leser zum Trost die kriegerischen Thaten unsers Helden beschliessen.

Sechsundzwanzigstes Kapitel.

Worinn sich die Scene ändert, Richter und Advokaten auftreten, und deswegen die längste Periode in allen drei Bänden vorkömmt.

Unser Held, da der Friede seine Gegenwart nimmer im Feld nöthig machte, trat wie gewöhnlich seine Reise nach Wien an, um sich daselbst von den Strappazzen des Kriegs zu erholen. Aber noch eh' er dahin abgieng, hatten ihn seine Freunde benachrichtigt, welch ein schwehres Ungewitter ob seinem Haupte schwebte. Sie schrieben ihm, daß seine Feinde durchaus seinen Untergang beschlossen hätten. Sie suchten, schrieb man ihm, ihn bei Hofe anzuschwärzen, und den Pöbel gegen ihn aufzuhezzen. Man beschuldige ihn öffentlich, daß er den König von Preussen in seinem Zelt gefangen gehabt, und um Geld verrätherisch in Freiheit gesezt hätte. Er habe sich vorsezlich im Lager mit Plündern aufgehalten, statt den Feind im Rükken anzugreifen und die Bataille zu entscheiden. Er sei also allein an

der Niederlage der Armee bei Sorau Schuld.
Trenk, der sich keines Verbrechens von der Art
schuldig glaubte, dem es sein Gewissen sagte,
daß er für den Dienst seiner Monarchin immer
alles aufgeopfert hätte, fürchtete sich nicht vor
Drohungen von der Art, und schikte, eh' er nach
Wien abreißte, einen Brief ungefehr folgenden
Innhalts voraus: „Einem ehrlichen, Soldaten
und treuen Offizier, der sich Tag und Nacht für
die Ehre seiner gnädigsten Souverainin der äuſ-
serſten Gefahr ganzer sechs Jahre hindurch mit
dem größten Vergnügen ausgeſezt hätte, müßt'
es äusserſt empfindlich fallen, wenn er sähe, daß
seine Feinde durch Verläſterungen von der Art
ihm einen gänzlichen Umsturz zu bereiten suchten.
Er könnte sich ganz wohl vorstellen, daß das
ganze Abſehen seiner Feinde dahin gienge, ihn
um Ehre und Reputation zu bringen, um hernach unter einem guten Vorwand sein Vermögen
unter sich theilen zu können. Da er dieses voraus sähe, so ergieng an Ihro k. k. Majeſtät seine alleruntertänigſte Bitte, ihn von einem solchen Unfall, wo er seinen Feinden sein Vermögen und Ehre Preiß laſſen sollte, zu retten. Er
sei bereit seinen Karakter nebſt seinem ganzen
Vermögen, was es für Namen hätte, zu den

Füssen seiner Monarchin niederzulegen, um solches zu sich zu nehmen, und ihm nur eine kleine Pension auszuwerfen, damit er in einem fremden Lande und unter einem fremden Namen von seinen Feinden befreit den Rest seiner betrübten Jahre zubringen könnte, mit dem tiefsten Schmerzen, daß ihn seine Feinde nöthigten die glorieusen Dienste seiner geliebten Monarchin auf ewig zu verlassen." Stolz auf seine Verdienste eilt' er nun nach Wien, und hoffte eine ähnliche Aufnahme wie das leztemal. Aber die Scene hatte sich inzwischen gänzlich geändert. Er ward dort nicht mehr angestaunt, sondern verabscheut; besonders war der Pöbel äusserst wider ihn aufgebracht. Seine hauptsächlichsten Feinde waren, wie der preussische Trenk sagt, Hofkriegsrath von Weber und General Löwenwalde, und ihr Beweggrund — bei Sequestration seines Vermögens im Trüben fischen zu können; die Werkzeuge aber, deren sie sich bedienten 23. Offiziers, die Trenk von seinem Regimente theils kassirt, theils fortgejagt hatte. Diese streuten überall aus, daß ihr Obrister den König von Preussen gefangen gehabt, und um 3. Millionen Geldes losgelassen hätte; sie giengen weiter, und behaupteten, daß Trenk in Ungarn ein gefährli=

cher Rebell werden würde, da er 30,000. Stükke Gewehr auf seine Güter in Sklavonien geschikt hätte; sie sprachen von seinem Sperlingsleben, von Nothzüchtigungen in Feindesland, von Atheisterei, von Kirchenraub und Entweihung heiliger Gefässe in Baiern, von Plünderungen und Grausamkeiten und von seinen grossen gesammelten Reichthümern. Lauter Gründe, ihn bei der Monarchin sowol, als bei dem ganzen Volke verhaßt zu machen. Die hauptsächlichsten Klagen aber wider ihn bestanden in folgenden 3. Punkten: 1.) daß er Ober= und Unteroffiziers sowol als Gemeine äusserst mißhandelt, 2.) in feindlichen und k. k. Ländern die gröbsten Erzesse verübt, und 3.) das k. k. Aerarium defraudirt hätte. Theresia wurde von den Klägern bestürmt, und befahl endlich eine Untersuchung dieser Klagen, welche unter andern ein von seinem Regiment abgedankter Lieutenant ***, ein Ueberläufer, ein verabschiedeter Hauptmann Gr. Gossau und einige andere Lieutenants erhoben hatten. Trenk selbst hatte sich alsbald nach seiner Ankunft in Wien dieselbe von seiner Monarchin ausgebetten. Dieser von Theresien niedergesezten Kommission, welche von dem Hofkriegsrath nicht dependirte, präsidirte Feldmarschall Graf von Corbua, ein rechtschaffener, unpartheiischer Mann. Das Gut‍achten, das er nach genauer Untersuchung erstat‍tete, welche vom 6. Februar 1746. an 6. Wochen lang dauerte, war wörtlich folgenden Innhalts: „Den erſten Punkt anlangend, ſo iſt unwider‍ſprechlich, daß der Obriſt Trenk ſowol die Ober‍und Unteroffiziers und Gemeine ſehr ſcharf ge‍halten, und dieſe bisweilen ohne vorhergehendes Kriegsrecht beſtraft habe, wobei aber zu erwä‍gen kommt, daß erſtlich und zwar zur Zeit, da das Regiment noch corpetto war, der Trenk allerhand Leute zu Offiziers, wie er ſelbſt vor‍ſchützt, habe annehmen müſſen, und hat er Ob‍riſter auch ungehindert der mit ihm errichteten Kapitulation das Corpetto in keine rechte Ord‍nung oder Militärdiſciplin von darum nicht wohl einleiten können, angeſehen die Art und Quali‍tät der Leute und Panduren, aus welchen das Corpetto beſtanden, ſolches nicht zugelaſſen oder geſtattet hätte. Und da nun, wie bekannt, haupt‍ſächlich das Abſehen nur dahin gerichtet war, daß dieſe unbändige und zaumloſe Leute in den Actionen wider den Feind, nach der ihnen ange‍bornen natürlichen Unordnung angeführt und ge‍braucht werden ſollen, in welcher Gelegenheit ſie auch ſehr gute Dienſte gethan haben; als bin ich auch der Meinung, daß der Obrist Trenk bei dem Corpetto keine rechte Militärordnung oder regulirte Disciplin habe einführen können. Fast gleiches Bewenden hat es, nachdem das Corpetto zum Regiment formirt worden; denn ob zwar nicht ohne ist, daß nach erfolgt=dieser Formir= und Regulirung sowohl die Offiziers als Gemeine nach dem hergeführten Militärgebrauch und Kriegsartikeln hätte traktirt und gehalten werden sollen, so hat doch dieses von darummen hart geschehen können, wohl ermessen diese Regulirung die Qualität derer meisten Offiziers und Gemeinen nicht geändert, zudeme, so hat er Obriste denenjenigen Offiziers, welche ihren Abschied, dem Militärgebrauch nach, von ihme anbegehret, diesen ihnen auch auf die gewöhnlich= und geziemende Art ertheilt, wo hingegen die andern, und jene Offiziers, welche Herr Obrister zum Theil weggejagt, zum Theil entlassen hat, erst mit Mehrerem erweisen und darthun müssen, was eigentlich für eine Beschaffenheit unterwalte, und ob sie sich bei dem kommandiren Herrn General, als auf welchen sich Herr Obrister hoc in passu per expressum bezieht, hier wegen beschwehrt haben; daß demnach dieses von dem Herrn Obristen gegen die Offiziers gebrauchte

Verfahren meines Behalts kein genugsames Objectum ist, daß hierüber ein Kriegsrecht angeordnet werden könnte, sondern glaube vielmehr, daß anstatt dessen, nachdeme die Sachen das Mehrere erläutert seyn werden; Er Obrister wegen dieser seiner unordentlichen Aufführung mit einer Arbitrarstrafe zu belegen, und annebst die Offiziers in ihre vorige Chargen hinwiederum zu etabliren, auch denenselben nach gepflogener Rechnung mit dem Kommissariatamt jenes, was sie von ihrer Gage in Forderung, und zu Guten behalten werden, zu bonifiziren verbunden seyn solle, und dieses zwar alles in weitere Konsideration, als bei allen neuaufgerichteten Regimentern ehe und bevor dieselbe in einen vollkommenen Stand und Fuß gesezet und gebracht werden, viele dergleichen Confusiones und Unordnungen zu unterlaufen pflegen, mithin sich also um so weniger zu befremden, wann dergleichen bei dem Trenkischen Regiment beschehen, nachdeme dieses lediglich aus Panduren, Räubern und dergleichen Leuten errichtet und bestehen thuet, für welche die eingeführte Militär=Artikul, um solche in gehöriger Disciplin und Zaum zu halten, viel zu gering sind. Die zwei Husaren, welche mit 700. Prügel von dem Herrn Obristen ohne vorgegangen Kriegsrecht gesträft worden, anlangend. Hiemit finde ich hauptsächlich zu bemerken, daß erstlichen diese zwei Husaren keine rechte Militärpersonen gewesen, massen diese nur unter denen, von dem Trenk aufgerichteten Esquadronen, von welchen mir die Beschaffenheit bis dato unbekandt ist, gedient haben, wäre also Trenk, um selbe bestrafen zu können, nicht gehalten, ein Kriegsrecht anzuordnen. Dann ob zwar nicht ohne, daß zum Fall sich verifizirte, daß Trenk denen zwei Husaren 700. Prügel hätte geben lassen, dieses für ein sehr unmenschliches Traktament angesehen werden müßte; so ist doch anderer Seits hiebei zu beobachten, daß diese zwei Husaren, wovon der eine den dritten oder vierten Tag verstorben seyn solle, nicht vernommen worden, noch einige Klage vorhanden. Dann obgleich solches die abgehörte Zeugen eidlich bestärken, so haben doch selbe den Numerum derer Schläge, nachdem sie nicht Executores sententiæ waren, und welch leztere nicht vernommen worden, so eigentlich, und daß es 700. Streiche gewesen, nicht wissen können, ist sich demnach viel mehrers zu befremden, wie die Offiziers so determinate haben schwören können, massen es mit jedwedem juramento sehr gefährlich aussiehet; welches nicht über eine positive und gründlich habende Wissenschaft abgelegt wird. Auf eine ganz gleiche Weiße kann ich auch vor legaliter erwiesen nicht ansehen, daß einer von denen zwei Husaren den dritten oder vierten Tag nach, und wegen denen empfangenen Prügeln gestorben seyn solle, massen ausser derer Offiziers Aussag keine einige rechtliche Probe obhanden, worauf man sich eigentlich gründen könnte, und hätte allenfalls zur Convincirung des Herrn Obristens das in allen dergleichen Fällen unmittelbar erforderliche visum repertum chirurgicum, vermög welchem dargezeigt würde, daß der geprügelte Husar immediate von denen empfangenen Schlägen, und nicht aus einer andern Ursach, Zustand oder Krankheit verstorben wäre, beigebracht werden müssen. Nachdeme nun also der Obrist Trenk dieses beschuldigten Verbrechens nicht legaliter überführet, so bin ich der Meinung, daß derselbe des begangenen Excessus halber Ihro Majestät allerhöchsten Belieben nach pœna arbitraria belegt werden könnte. — Das geprügelte schwangere Weib betreffend, bin ich gleichfalls des Dafürhaltens, daß, weil doch kein Mensch in der Welt positive schwören kann, daß ein Weib schwanger ist, so haben auch solches die Zeugen nicht eidlich beſtärken können, zudem hat dieſes Facti halber weder das angegebene Weib, weder jemand anderer an Plaz ihrer jemalen, noch bei dem kommandirenden Herrn General, noch bei höheren Inſtanzien geklagt oder ſich beſchwehrt, mithin, auch dermalen nicht, wohl aber, und zum Fall ſich künftighin hierwegen jemand melden, und einige Satisfaktion oder Genugthuung anverlangen ſollte, das Weitere juſtizmäßig vorgekehrt werden kann. — Den Caſum wegen der Müller-Tochter concernirend; dieſes factum kann ich meines Gehalts für kein Raptum anſehen, indem nirgend zu finden, daß Herr Obriſter das Mädl mit Gewalt zu ſich genommen, oder wider ihren ausbrüklichen Willen und Wiberſezzen mit ſich geführt hätte, wohl aber, daß das Mädl mit denen Offiziers, und ihme Obriſten in ſeinem Wagen mitgefahren ſeye, und da dann auch von des Mädels Eltern, welche ſelbe andern Tages abgeholet, keine Klage eingelanget, oder jemand hierwegen ſich im geringſten beſchwehret, ſo ſehe ich nicht, wie man hieraus eine gewaltige Entführung erzwingen wollen: Was entzwiſchen als das Mädl bei Herrn Obriſten geweſen, geſchehen, kan zwar malitioſe vermuthet, aber nicht poſitive, und zwar inſonderheit, weilen keine

Klage vorhanden, gesagt werden, mithin also dem Herrn Obristen keine andere Strafe diktiren könnte, als was ein in dergleichen Fällen gegebenes Scandalum meritiren thuet.

Ad punctum secundum zu gelangen, wegen denen Excessen, so der Obrist Trenk in denen feindlichen, dann in den kais. kön. Ländern verübet, und zwar die erstern anlangend, so halte ich meines Orts davor, daß diese in denen feindlichen Ländern verübte Excessus nicht anders als pro effectibus belli angesehen werden könnten, indem in allen Kriegen dergleichen Excessus von denen Partisans, Freikompagnien, und dergleichen, ohne daß man hierüber wider diejenigen, so solches unternehmen, einigen Prozeß formire, zu unterlaufen pflegen, es wäre dann Sach, daß in denen Friedenstraktaten ein oder die andere Person genennet, oder vorgesehen würde, daß selbe das Geraubte hinwiederum zu restituiren gehalten seyn sollte, oder wann allenfalls derlei Offiziers den Dienst bei der Armee wegen derlei Plünderungen ausser Acht sezten, oder verabsäumten, zu deme, um im Fall Herr Obrister dergleichen Unerlaubtes begangen hätte, so würde ihn der kommandirende

Herr General haben bestrafen lassen, wie dann auch solches sich ex effectu gezeigt, da nemlich Se. k. Hoheit, da einige Partheien wegen des ihnen Abgenommenen sich beschwehret, den Trenk zu Restituirung desselben angehalten haben. Die in k. k. Landen begangene Excessus hingegen betreffend; so ist billig, daß Herr Obrister denen damnifizirten Partheien, in so weit sie den erlittenen Schaden erweissen werden, ihnen solchen vergüte und bonifizire. Gleichwie aber bis anhero nichts dociret worden, als bleibet auch die Ersez = oder Bonifizirung bis dahin in suspenso.

Ad punctum tertium die supponirende Defraudirung des k. k. Ærarii wegen deren blinden Plätzen betreffend. Nachdem sich Herr Obrister in seiner Verantwortung anselbst, auf das Commissariat - Amt beziehet, so conformire ich mich gleichfalls vorstehendem Voto, daß das Commissariat - Amt, nemlichen die Muster = Acta genauer Dingen untersuchen, und den Befund hievon einem hochlöblichen Hofkriegsrath einberichten solle, wo alsdann nach Befund der Sachen das Weitere der Justiz nach, fürgekehrt werden kann.

Wir haben demnach all dieses unserer Pflicht und Schuldigkeit gemäß gehorsamst auch dienstschuldigst relationiren, und uns solchergestalten empfehlen sollen.

Eines Hochlöblichen

Gehorsamst und Dienstschuldigste

Wien, den 8. April 1746.

Gl. ***
J. G. de ***
Jos. v. ***

Durch dieses Gutachten, das ausserdem noch mit dem Beisaz begleitet war, man sollte einen für die Armee so wichtigen Mann nicht mit Prozessen aufhalten, und in Ansehung seiner wichtigen Dienste bei Kleinigkeiten durch die Finger sehen, neuerdings aufgeblasen, eilte Trenk mit Extrapost auf seine Güter nach Sklavonien, und warb daselbst noch 600. Mann für den Feldzug in den Niederlanden. Aber eben dieses gab seinen Feinden neue Gelegenheit, auszusprengen, es sei von einem so aufbrauffenden Mann, der sich noch darzu beleidigt glaubte, nichts anders als eine Empörung, die Folge seiner Rachgierde zu erwarten. Trenk war indeß ganz unbesorgt, und kam bald nach Wien zurük.

Siebenundzwanzigstes Kapitel.

Worinn eine Heurath zum dritten= und leztenmal unterbrochen wird.

Seine Feinde hatten inzwischen keine Gelegenheit versäumt, seinen völligen Sturz zu bewürken, und Marien Theresien seinen Karakter mit den schwärzesten Farben abzuschildern. Trenk hingegen, stolz auf seine geleistete Dienste, ließ sichs nicht einmal im Traum einfallen, daß seine Sache eine schlimme Wendung für ihn nehmen könnte. Uebrigens faßte er nunmehr den Entschluß, den Ueberrest seiner Tage auf seinen Gütern in Sklavonien zuzubringen, und das um so mehr, da er sich seiner alten Neigung gegen Madame Lestocq, mit der er sich wieder ausgesöhnt hatte, völlig überließ. Denn die Baroneßin hatte mit Madame P. W. aus Gelegenheit eines ähnlichen verliebten Vorfalls, worinn sie sich als Nebenbuhlerin erkannte, gebrochen, und ihr Bruch war in eine tödtliche Feindschaft ausgeartet. Deßwegen glaubte sie mit jener nicht mehr gemein=

schaftliche Sache zur Demüthigung unsers Helden machen zu müssen, und ließ Trenk, sobald er aus dem lezten Feldzug nach Wien zurük kam, aufs höflichste zu sich einladen. Trenk erschien, söhnte sich mit der Baronessin aus, und verließ verliebter als jemals ihre Schwelle.

> Wer zog Kupidos ersten Pfeil
> Je ganz aus seiner Brust? Die Wunde
> Scheint zwar bisweilen völlig heil,
> Doch früher oder später kommt die Stunde
> Wo sich die Narbe löst; ja bis zum schwarzen Schlunde
> Des Orkus selbst folgt Amors erster Pfeil.

Wenigstens die Geschichte unsers Helden erweißt diesen Saz. Die Baronessin war der erste Gegenstand seiner Zärtlichkeit gewesen, und sie sollte auch der lezte seyn. Freilich wenn ihn anders Gegenstände von der Art, entfernt von ihr zerstreuten, so konnt' er sie leicht vergessen, aber er sah sie sobald nicht wieder, ohne daß er nicht neuerdings vor Liebe nach ihr geschmachtet hätte. Mochte sie nun diese seine Schwachheit kennen, wenn die Sache anders diesen Namen verdient, oder vielleicht selbst ähnliche Würkungen in sich verspüren, genug, sie ließ sich nicht lange bitten, eben so zärtlich wieder gegen unsern Helden zu seyn, als sie es je gewesen war. Amor triumphirte neuerdings, und die vorhergegangene Zwistigkeit schien in ewige Amnestie begraben. Vielleicht mochte auch der Entschluß, die Stelle ihres entseelten Gemals nicht immer unbesezt zu lassen, und gewisse Empfindungen, die eine junge Wittwe dem geneigten Leser deutlicher erklären mag, oder die Furcht — in ewiger Einsamkeit das Leben vertrauern zu müssen, nicht wenig dazu beigetragen haben, daß die Baronessin sich zu Friedenstraktaten verstand, die wahrscheinlich ohne diese Gründe nicht so leicht zu Stande gekommen seyn würden. Auch Trenk war geneigter als je, Amors Siege durch Hymens Kränze zu krönen. Seine Freunde riethen ihm ohnehin, daß er suchen möchte, seinem Hauße Nachkommenschaft zu geben. Aber mehr als alles diß vermochte seine Leidenschaft, und die Eindrükke, welche die Baronessin neuerdings auf ihn gemacht hatte. Er dachte ernstlich mehrere Wochen lang der Sache nach, und das Resultat seines Nachdenkens lief dahinaus; daß es das Beste wäre, sich ehlich mit der Baronessin zu verbinden, Kinder für den Staat zu zeugen, und seine übrigen Tage in Gemächlichkeit auf seinen Gütern zuzubringen. Bei Hof und bei der Armee wußt' er wohl, daß er mächtige Feinde hatte, und ihren

Schlingen glaubt' er am besten durch die Entfernung von beiden zu entgehen. Glüklich wär' er gewesen, wenn er vorher in dem Privatleben die Glükseligkeit gesucht hätte, die ihn auf dem Schauplaz der grossen Welt immer geflohen hatte. Er theilte seinen Entschluß der Baronessin mit. Diese, weil sie vielleicht eine Nachreue seiner Seits, oder, der Himmel weiß was? befürchtete, nahm ihn alsbald beim Wort. Der Tag zur Hochzeit war bereits ausgesezt — aber — daß die Geschichte einem wahren Romanen gleiche, soll plözlich der schöne Plan zum drittenmal vereitelt werden, ohne daß wir nöthig hätten, irgend einen Deum ex machina oder bösen Geist mit ins Spiel zu mischen. Seine Stelle mag ein Offizier vertreten, der — doch das Weitere im nächsten Kapitel.

Achtundzwanzigstes Kapitel.

Welches der Göttinn Aſträa nicht zu ſonderlicher Ehre ge‑
reicht.

— Unſrem Helden den nemlichen Morgen
auf Befehl des Hofs Hausarreſt ankündete, eben
als er im Begriff war, in Geſellſchaft der Ba‑
roneſſin ziemlich frühe auszufahren, um ſeine Ehe
durch prieſterliche Trauung gültig machen zu laſ‑
ſen. Ob er erſtaunt bei dieſem unvermutheten
Antrag baſtand, kann ſich ein jeder leicht einbil‑
den. Er fragte den Offizier, was er verbrochen
hätte, daß man ihn ſo behandelte. Aber dieſer
antwortete ihm trocken, daß er der bloſſe Voll‑
ſtrekker des Befehls der Monarchin wäre, und
daß es ihm nicht zuſtünde, weitere Rechenſchaft
davon zu geben. Trenk wußte wohl, daß die
heimlichen Verunglimpfungen ſeiner Feinde die
Monarchin neuerdings aufgebracht haben müßten;
aber er trozte auf ſeine Unſchuld, und war durch
ähnliche Glüksſtreiche zu abgehärtet, als daß er
ſich ſchwach oder feig bei dergleichen Vorfällen

gezeigt hätte. „Ich beuge," sagte er herzhaft zu
dem Offizier, „meinen Nakken unter den Willen
einer Monarchin, die mir allein befehlen kann.
Ob es mich gleich tief in der Seele schmerzt,
meine lange getreue Dienste auf eine solche Art
belohnt zu sehen, so soll doch meine Standhaftig=
keit über den Neid siegen, ich will eben so ge=
horsam als unschuldig seyn." Das was seine
Standhaftigkeit am meisten erschütterte, waren
die Klagen der unglüklichen Baronessin, die von
der höchsten Stufe der Glükseligkeit in einen Ab=
grund von Jammer gestürzt ward. Sie war vor
Verzweiflung ausser sich und gebärdete sich wie
rasend. Und in der That ihr Schiksal scheint
wo nicht unglaublich, doch ausserordentlich. Bei=
de schienen vom Himmel für einander bestimmt
zu seyn, und wann sie auf dem Punkt waren,
ihr Band knüpfen zu lassen, so durchblikte ein
Ungewitter ihre schönsten Plane. Dieses war
schon der dritte Wettersturm, der ihre beschlosse=
ne Hochzeit zerschlug. Trenk that alles, was er
konnte, sie zu trösten, aber vergebens. Endlich
von ihrem Unglük gerührt, und von seiner Un=
schuld überzeugt, glaubt' er dem Befehl der Mo=
narchin trozzen zu können, ließ seine schönste
Equipage einspannen, vergaß den Haußarrest,

und fuhr in die Komödie, wo die Monarchin gleichfalls gegenwärtig war. Dort erblikt' er den Hauptmann Gr. Gossau und noch einen seiner kassirten Kameraden, die die Hauptanführer seiner Kläger waren, in einer Loge. Wuth und Grimm bemächtigte sich seiner. Rasend eilt' er in ihre Loge, pakte den Graf Gossau bei der Kehle, und droht', ihn Angesichts der Monarchin entweder zu erwürgen oder auf das Parterre hinunter zu stürzen. Gossau zog den Degen, und hätte den Pandurenobristen durchstochen; aber dieser faßte den Degen mit der Faust auf, und durchbohrte sich die Hand. Alles eilte Gossau zu Hülfe, rieß den wütenden Obristen mit Gewalt hinweg, und dieser fuhr schäumend vor Zorn nach Hauße. Kaum war er dort angelangt, als ihm die durch seine Unverschämtheit aufgebrachte Monarchin eine scharfe Wache vor sein Zimmer stellen ließ. Seine Feinde wußten aus dieser seiner Unbesonnenheit so grossen Vortheil zu ziehen, daß einige Tage nach diesem Vorfall ein Kriegsrecht wider ihn angeordnet ward, welches den 28. April 1746. seinen Anfang nahm. General Löwenwalde, der größte Feind unsers Helden, wußte die Sache durch allerlei Ränke so einzuleiten, daß er vom Hofkriegsrath als Präsident des Kriegsrechts und Verhörs, zugleich auch als Sequester des trenkischen Vermögens ernennt ward. Obgleich der Monarchin expresser Befehl dahinauslief, daß das neu niedergesezte Kriegsrecht nur über das erstattete Gutachten votiren sollte, so bracht' es doch der Präses dahin, daß ein förmlicher Kriminalprozeß formirt wurde, welcher ganzer 15. Monate dauerte. Denn der Präses ließ in allen Zeitungen ankündigen, und nicht nur in den östreichischen Erbländern, sondern auch in Schlesien kund machen, daß alle die, welche seit 8. Jahren wider den Obristen Trenk etwas zu klagen oder zu zeugen hätten, sich melden, und täglich einen Dukaten Diät erhalten sollten. Man kann sich leicht denken, daß auf diese höfliche Einladung eine Menge Zeugen erschienen. Ihre Zahl wuchs bald auf 54., welche binnen vier Monaten eine Summe von 15000. Gulden Diätengelder gezogen haben sollen. Ja der preussische Trenk versichert, daß die Richter noch ausserdem falsche Zeugen erkauft hätten, und daß mehr als 40. offenbar falsche Juramente bei diesem Prozeß abgeschworen worden wären. Anfangs erschienen der Rittmeister ✻✻✻, Hauptmann ✻✻✻, Lieutenant ✻✻✻. Beiden ersteren wurde sub prætextu Liebergelder 753. aus-

gezahlt, lezterer aber durch 373. Gulden als
Zeuge erkauft. Dieses lokte noch mehrere Libertins, die ohnehin ihre im Krieg gemachte Beute
durchgebracht und nun nichts mehr zu leben hatten, herbei, welche sich theils als Kläger, theils
als Zeugen meldeten. Jedem Hauptmann wurden 253., dem Lieutenant 192., dem Fähndrich
150. und dem Wachtmeister und Fourier 41. Gulden als Liebergelder ausgezahlt. „Ein jeder hatte
Geld empfangen," sagt unser Held, „folglich
mußte ein jeder auf einen lügenhaften Anschlag
dichten, einer den andern zum Zeugen darüber
anrufen, und die Seele also durch einen Meineid
dem Teufel und der Hölle zuschikken." Sie klagten 164. Punkten wider den Obristen ein, welche
er alle bis auf 9. von sich ablehnte. Er protestirte wider seinen Richter sowohl, dem er ein
Jahr zuvor in der Antichambre des Prinzen Karls
einen Fußtritt vor den Hintern angetragen hatte,
als gegen seine Ankläger, quod non sint homines
bonæ vitæ & interessata pars. Aber alles half
nichts, und er mußte sich nun mit manchem
Kläger, der vielleicht vorhero Troßbube bei seinen Pferden, oder Räuber gewesen war, konfrontiren, oder gar Sottisen ins Gesicht sagen lassen.
Ein Wunder wars, daß seine Geduld bis zur

töten Session aushielt. Aber hier konnt' er sich nimmer mäſſigen, als man ihm vorwarf, daß durch seine Schuld die Bataille bei Soor verloren gegangen sei. Er rechtfertigte ſich durch das eigenhändige Zeugnis Prinz Karls, laut welchem der Ordonnanzoffizier, der ihm die Ordre zum Marsch und Angriff bringen sollte, irre geritten war, und dieselbe erst kurz vor dem Angriff überbracht hatte. Trenk glaubte ſich durch das Zeugnis dieses Prinzen genügsam gerechtfertigt zu haben. Um so mehr wurd' er aufgebracht, als G. Löwenwalde dasselbe in Zweifel zu ziehen, und sogar ehrenrührige Worte wider den Prinzen zu gebrauchen, ſich erlaubte. Trenk konnte seinen Zorn nun nimmer mäſſigen, da er ſich sowol als den Prinzen, den er würklich liebte, auf eine so plumpe Art beleidigt sah. Wüthend pakt' er den Präsidenten bei der Brust, hob ihn wie ein Riese einen Pygmäen in die Höhe, trug ihn zum Fenster, und war im Begriff ihn von der 4ten Etage hinabzustürzen, als die Wache hereindrang, und ſich seiner bemächtigte. Trenk wurde nun geschlossen, in sein Quartier gebracht, und mußte ſich, wenn er anders nicht, wie er selbst sagt, in seinem Arrest krepiren wollte, vor eben dem Richter, wie ein Missethäter gefesselt, nach einigen Tagen wieder stellen. Nicht genug, er wurde Nachts um 12. Uhr aus seinem Quartier in das Arsenal, und endlich gar von 40. Grenadiers begleitet in das Stokhaus, wo allerlei infame Personen sassen, gebracht, und ihm zum Kerker ein enges Loch, vor welchem 2. Wachen mit aufgepflanzten Bajonetten standen, angewiesen. Kaum war er aber daselbst angekommen, als Plazmajor *** mit 2. Ketten, 2. Hand= und 2. Fußeisen erschien, und Trenk den Befehl vom Kriegsrecht kund machte, daß er an beiden Händen und beiden Füssen kreuzweiß geschlossen werden sollte. Trenk verwunderte sich über diesen Auftrag gewaltig, und sagte dem Plazmajor, er müßte den Befehl falsch verstanden haben, da dieses Verfahren in keinem Kriegsrecht üblich wäre. „Vielleicht" sezte er hinzu, „soll ich kreuzweiß, das heißt, eine Hand und ein Fuß über das Kreuz geschlossen werden." „Nein," erwiederte der Plazmajor, „mein Befehl lautet ausdrüklich wie oben." „Wolan denn," sagte Trenk, „Gewalt geht vor Recht, nahm beide Eisenketten, samt den Handschellen und ließ sich schliessen." Am schmerzlichsten fiel ihm, daß eben der bei Kolin von einer Kanonenkugel im Dienste seiner Monarchin zerschmetterte und noch nicht völlig geheilte linke Fuß in Eisen gelegt und so belohnt werden sollte, und eben so sehr, daß er 15. Tage lang und zwar in den wärmsten Hundstagen sich nicht umkleiden durfte. In dieser schreklichen Lage überließ er sich ganz seinen traurigen Gedanken, und nicht selten bemächtigte sich Wut und Verzweiflung seiner Sinnen. „Denn so genau," sagt er, „ich mich selbst untersuchte, so fand ich mich keines Fehlers schuldig, der ein solches Verfahren verdient hätte, aber wer ist in der Welt, der sich vor feindlichen Verfolgungen sichern kann? In der Hand eines jeden Schurken steht unsre Ehre, unsre Unschuld, unser Leben. Man glaubt das Schlechte leichter als das Gute, weil die Neigungen der menschlichen Natur eher auf das Erstere als auf das Leztere verfallen. Eine einzige verläumberische Zunge vermag mehr, uns in Miskredit zu sezzen, als tausend löbliche Handlungen, um das Gegentheil zu bewürken. Betrug und Verläumdung verstopfen nicht selten die Ohren der Gerechtigkeit, daß sie die klagende Stimme der unterdrükten Unschuld zu hören unfähig wird, und die Handhaber der Gerechtigkeit sind am Ende doch nur — Menschen. Auch die Richter sind ihren Leidenschaften unterworfen, und selbst gesezt, daß sie Meister über sich selbst wären, so können sie doch nicht verhüten, daß sie nicht hie und da der äussere Schein täuschen sollte. Man darf sich daher nicht wundern, daß es Ungerechtigkeiten in der Welt giebt, daß man das Laster triumphirend und Tugend und Unschuld unterdrükt sieht. Zwar ist der Himmel Oberrichter über diese menschlichen Begebenheiten, aber er greift nicht in das Räderwerk der Maschine — und läßt das Böse zu, um den Sieg des Guten zu erhöhen. Die Rechtschaffenen klagen, daß ihre Thränen einst die Marter der Boshaften vermehren, und die Boshaften lachen, daß ihr Gelächter das Verdienst der Rechtschaffenen erhöht. Ich war zwar von diesen Maximen so überzeugt, daß ich mich über meine Lage nicht zu sehr hätte betrüben sollen, aber die menschliche Natur hat immer noch ihren Theil, und wenige sind stoisch genug, daß sie sich nicht selbst fühlen sollten, wenn sie sich unterdrükt sehen. Es würde eher Gefühllosigkeit als Philosophie seyn, und ich habe zu unserer Zeit noch keinen würklichen Philosophen von der Art gesehen." In dieser schreklichen Lage durft' ihn kein Mensch besuchen, sogar sein einziger Bedienter wurde ihm abgenommen. Er sank in eine tiefe Schwermuth. Sein blessirter Fuß schwoll von dem Druk der Fesseln so auf, daß man ihm dieselbe abnahm, und hingegen die Wache vor seinem Kerker verstärkte. Hier sezte er, da er keine Unterhaltung hatte, seine Lebensgeschichte fort, und unterhielt sich mit sich selbst, bis sein langwüriger Prozeß endlich ein Ende gewinnen würde. Aber ein gewisser Umstand richtete bald seinen niedergeschlagenen Muth wieder auf, der ein eigenes Kapitel verdient.

Neunundzwanzigstes Kapitel.

Worinn eine neue Person auftritt, und auf eine sonderbare Art einen besondern Plan vorschlägt.

Nahe an seinen Kerker stieß ein anderes Loch, das einem andern Unglüklichen zum Behältniß diente, welcher sich gleichfalls rühmte, unschuldig zu seyn. —

 Wollt ihr honnete Leute hören,
 Besuchet nur die Kerker, die Galeeren.
 Sie sind — wie sie euch klar belehren —
 Mit lauter Unschuld vollgepropft,
 Der die Gerechtigkeit ihr taubes Ohr verstopft. —

Und in der That, niemand will die Strafe verwürkt haben, die er leidet. Unsrem Helden stand es nicht zu, über die Wahrheit oder Unschuld des armen Beirachs, (so nannte sich der Unglükliche, der ihm nahe wohnte und Theil an seinem traurigen Loos nahm,) zu entscheiden. Wie dem auch war, seine Gesellschaft war ihm angenehm, und Trenk konnte es den Wächtern nicht genug verdanken, wenn sie mitleidig genug ihm verstatteten, sich nur einige Augenblikke mit seinem Un-

glükskameraden zu unterhalten. Es war ein
Mensch von nicht geringem Talent, der von der
Natur alle Eigenschaften empfangen hatte, die
wir in den Ebentheurern unsrer Zeiten bewundern. In seinem Leben hatte er schon mehr als
100. Rollen gespielt, und man konnte von ihm
sagen, daß er von Allem Etwas wüßte. In
den kurzen Unterredungen hatte Trenk zwar diese
Entdekkung gemacht, aber sie konnten nicht lange, oder nicht mit Freiheit sprechen, ohne daß
es die nahe Wache gehört hätte. Uebrigens
merkte Trenk bald, daß Beirach ein wichtiges
Geheimniß auf dem Herzen haben müßte. Durch
ein sehr kurzes Billet entdekte er ihm einmal sein
ganzes Herz, und bat ihn, das Nemliche zu thun.
Geschikt stekte er es ihm in die Hand, ohne daß
es jemand bemerkt hatte. Beirach ahmte sein
Beispiel nach, und einige Tage nachher schob er
ihm ein Briefchen folgenden Innhalts zu:

„Mein Herr! Ich wünschte ihnen viel zu sagen; aber ich kann's dem Papier nicht anver-
trauen, besonders da ich schon einmal durch meine Feder verrathen worden bin. Ich habe mich
auf eine Art besonnen, um heimlich mit Ihnen
reden zu können, und ich schmeichle mir, Sie ge-

funden zu haben. Diese Nacht sollen Sie alles erfahren. Seyn Sie nur aufmerksam auf alles was Sie hören und schweigen Sie.

Beirach."

Dieses Billet erregte in der Seele unsers Helden mancherlei Gedanken. Aber so groß seine Neugierde war, konnte er doch nicht begreifen, wie Beirach es möglich machen würde, während der Nacht mit ihm zu sprechen. Als es Abend wurde, schloß sich Trenk in seinen Kerker ein, wo er kein anderes Licht hatte, als das, das durch ein Luftloch durch die dikste Mauer des Thurms, welches noch überdiß mit dem stärksten Eisen vergittert war, herabfiel. Vor seiner Thüre standen beständig zwei Wachen. Da diese den ganzen Tag über offen stehen mußte, so sahen seine Wächter alles was er that, und beobachteten seine geringste Bewegung. Um nun bei Nachtzeit da hindurch zu kommen, und mit ihm zu sprechen, konnte unmöglich mit rechten Dingen zugehen; aber da Trenk nicht so aberglaubisch war, den * * * Gott sei bei uns! mit ins Spiel kommen zu lassen, so wollte er den Aufschluß von der Zeit abwarten, und legte sich deswegen nicht zu Bette, um auf jede Bewegung, die er hörte, aufmerksam zu seyn. Die Mitternacht war schon

vorüber, ohne daß die Stille nur von einem
Mükkengesumse unterbrochen worden wäre. End=
lich glaubte er etwas, ich weiß nicht was, zu
hören, das seine ganze Aufmerksamkeit auf sich
zog, aber es vergieng noch mehr als eine Stun=
de, eh er errathen konnte, was es wäre. Die
erste kaum merkliche Bewegung, die er hörte,
glich einem leisen Gelispel. Dieses dauerte eine
Zeitlang fort, und wurde nach und nach von dem
Winkel her, wo beide Gefängnisse zusammenstie=
fen, merklicher. Trenk war mehr in Erwartung
als in Furcht, ungeachtet die ganze Sache ziem=
lich das Ansehen der Zauberei hatte. Er lauschte
mit dem Ohr an dem Theil der Mauer, wo das
Geräusche herkam, und glaubt' am Ende zu be=
merken, daß es durch ein Eisen, womit man die
Mauer zu durchboren suchte, sich herleiten liesse.
So wars auch wirklich, und je tiefer das Eisen
eindrang, desto überzeugter war er, daß er sich
nicht betrogen hätte. Die Mayer war dik, und
es ist deswegen kein Wunder, wenn Beirach
mehrere Stunden arbeiten mußte, dieselbe mit
einem eisernen Bohrer zu durchlöchern. Als diese
Arbeit geendigt war, und Beirach den Bohrer
aus der Oefnung zurükzog, sah Trenk deutlich
das Licht in dessen Zimmer, um so mehr, da das

seinige ganz dunkel war. Aber noch begrief Trenk
nicht, wie Beirach durch dieses lange und subti=
le Loch mit ihm sprechen wollte, als jener auf
einmal das Licht in seinem Kerker auslöschte und
ihm das Vergnügen benahm, ihn jenseits der
Mauer sehen zu können. Unserem Helden kam
die Sache immer sonderbarer vor. Um aber in
der Finsterniß die Oefnung nicht aus den Augen
zu verlieren, legte er eine Hand darauf, voll Er=
wartung, was aus der Sache werden würde.
Einige Augenblikke hernach kam ein subtiles me=
tallenes Rohr durch die Oefnung, dergleichen die
Astrologen zu gebrauchen pflegen. Trenk verstand
bald den Endzwek davon; schmiegte sein Ohr
darauf, und durch diese künstliche Erfindung re=
dete Beirach, ohne Gefahr, von jemand gehört
zu werden, folgendes mit ihm: "Vor allen Din=
gen, mein Herr, sorgen Sie, diese Oefnung in
der Mauer auf Ihrer Seite sorgfältig zu verstek=
ken, daß sie Niemand, wer bei Tag in Ihr Ge=
fängniß kommt, entdekt. Sie werden es leicht
thun können, doch wie, das überlasse ich Ihnen.
Die Hauptabsicht ist, daß ich vermittelst dieses
Rohrs mit Ihnen sprechen werde, von Ihnen
aber kann ich hierdurch keine Antwort erhalten.
Doch auch dafür hab' ich gesorgt, aber diese

Nacht müssen Sie sich noch gebulden und begnügen, mich anzuhören. Ich habe schon ein anderes ähnliches Rohr fertig, und morgen werd' ich es Ihnen unbemerkt zuzustekken suchen. Ich habe beide mit meinen Händen selbst verfertigt, und deswegen die feinsten Mittel gebraucht, um das Nothwendige darzu zu bekommen. Um der Gefahr zu entgehen, daß man es in Ihrem Kerker finden könnte, hab' ich das Ihrige so gearbeitet, daß Sie es bei sich tragen können, und daß niemand den Gebrauch desselben errathen kann, wenn ich es Ihnen auch in Gegenwart der Wächter zustelle. Von diesen nächtlichen Unterredungen hoff' ich allen Nuzzen zu ziehen, den wir in unsern betrübten Umständen verlangen können. Ich habe tausend Ideen im Kopf, die nicht gar zu schwehr auszuführen sind, um uns die Freiheit zu verschaffen, wenn Sie dieselben anders genehmigen wollen. Doch für heute Nacht genug. Vergessen Sie nicht, die Oefnung von Ihrer Seite zu verstopfen und schlafen Sie wohl." Beirach zog hierauf das Rohr zurük, und Trenk warf sich mit soviel Gedanken, die sein Gehirn durchkreuzten, aufs Bette, daß er die ganze Nacht hindurch nicht schlafen konnte. Die sinnreiche Erfindung Beirachs goß neue Hof=

nung in seine Seele, wenn sie gleich die Unmöglichkeit auf der andern Seite wieder niederschlug. Ausserdem wußt' er nicht, ob es sein Vortheil seyn würde, seinen Unglükskameraden zu unterstüzzen. Unter diesen Gedanken begann endlich der Tag anzubrechen. Eilend sprang Trenk aus dem Bette, rieß aus der andern Seite der Mauer einen grossen Nagel, und bedekte damit die Oefnung, wie ihn Beirach gebeten hatte, aufs sorgfältigste. Zur gewöhnlichen Stunde bekam Beirach die Erlaubniß zu ihm ins Zimmer zu kommen, und während dem er ihm eine Prise Tobak präsentirte, stelte er dem Obristen etwas zu, das in ein Papier eingewikkelt war. Trenk eilte damit in die Tasche, und behielt sich vor, dasselbe die folgende Nacht zu betrachten, um das Geheimniß nicht zu verrathen. Als des Nachts die Thüre seines Gefängnisses verschlossen war, untersuchte er erst, was ihm Beirach zugestekt hatte. Beim ersten Anblik schien es ihm eine kleine metallene Röhre einen Finger lang zu seyn, aber bei genauerer Untersuchung fand er, daß sie sich nach Art eines Tubus zu 2. Spannen verlängern ließ, und daß es die versprochene Sprachröhre wäre. Er konnte den Fleiß des künstlichen Beirachs nicht genug bewundern.

Diese Nacht selbst schon machten sie den gewünschten Versuch mit ihren Röhren, und sie hatten eine Unterredung mit einander, die länger als 3. Stunden dauerte. Beirach schlug ihm die Flucht aus diesem Gefängniß vor, an die er schon seit langer Zeit gedacht hätte, die er aber ohne seinen Beistand nicht so leicht ausführen könnte. Eh ihm Trenk hülfreiche Hand versprach, ließ er sich vorher die Möglichkeit erklären. Das Projekt war zwar ausserordentlich, hatte aber dem ungeachtet einen großen Anschein, daß es nicht ganz unmöglich wäre. „Beirach hatte vielleicht nichts oder wenig zu verlieren," sagt Trenk, „ich aber wagte alles und verlangte deswegen von ihm, meine Entschliessung in der folgenden Nacht abzuwarten. Wenn ich an die vorgeschlagene Flucht dachte, so regten sich in meiner Brust tausend widrige Empfindungen, die mich mehrere Stunden lang marterten. Allen Menschen ist die Liebe zur Freiheit und zum Leben natürlich, und diese Liebe ist bei einem unschuldig Leidenden noch verzeihlicher. Man kann sich in der Freiheit besser als im Kerker vertheidigen, und da sich wenige finden, welche sich unserer Unschuld annehmen, so gibt das uns ein Recht, uns auf die andern nimmer zu verlassen, wenn wir auf uns selber vertrauen können. Da ich von meiner Flucht einen glüklichen Erfolg hoffen konnte, warum sollte ich länger in diesem Kerker schmachten als ein Opfer des Neides meiner Feinde und der Verläumdung der Welt? Gelänge meine Flucht nicht, was könnte ich Schlimmeres befürchten! Da ich bereits als Meineidiger, als Rebell, als Religionsverächter hingestellt war, so konnte das meiner Ehre und meinem Namen nimmer schaden, wenn man von mir sagte, daß ich aus meinem Kerker hätte entfliehen wollen. Meine natürliche Unerschrokkenheit in den gefährlichsten Unternehmungen malte mir das Wagestük der Flucht so leicht ab, daß ich keinen Augenblik zweifelte, bei derselben mit Beirach gemeinschaftliche Sache zu machen. Aber auf der andern Seite: wenn sich das Gerücht von meiner Flucht in Wien verbreitete, was würde die Welt sagen? Würden meine Feinde nicht von da Gelegenheit nehmen, ihre falsche Anklagen zu bekräftigen? Ein Unschuldiger zieht seine Rechtfertigung der Freiheit vor. Würde ich nicht dadurch, daß ich aus dem Gefängniß entflöhe, deutlich zu verstehen geben, daß ich mich selbst für schuldig hielte? In den Augen der Welt würde meine Ehre auf immer unwiederbringlich verloren seyn. Ich würde zwar

meine Freiheit und mein Leben in Sicherheit ge¬
sezt haben, aber was nüzte mir Freiheit und Le¬
ben, wenn ich meinen Feinden nicht unters Ge¬
sicht treten, und sie Lügen strafen könnte? Sollte
ich verbannt und verwiesen in einem fremden Land
meine Tage durchleben — was für ein Unter¬
schied wäre alsdann zwischen jenem Leben, und
dem eines Gefangenen gewesen? Diese Gedanken
waren mir unerträglich. Sie tilgten den ersten
Stral der Hofnung gänzlich aus meiner Brust,
und ich war unentschlossener als je. Verglich ich
meine Ehre mit meinem Leben, so mußte erstere
allemal gewinnen, da ein ehrloses Leben nicht
den Namen des Lebens verdient. Mein ganzer
Ruhm würde sich mit Schande geendigt haben,
und die Welt, die angefangen hatte, von mei¬
nen kriegerischen Thaten zu reden, würde nun
von meinen Verbrechen sprechen, und das sollte
das Ende von dem Lied seyn! Der Triumph mei¬
ner Feinde schmerzte mich mehr, als alles Un¬
glük das mich betroffen hatte. Sollte ich alles
gethan haben, daß die Nachwelt meinen guten
Namen noch brandmarkte? Diß der Lohn für mei¬
nen unermüdeten Diensteifer, für alle Strappazen
des Kriegs seyn?" So dachte Trenk, und klagte
bitter auf, gegen sich selbst, gegen die Welt,

und selbst gegen Gott. Schrekliche Flüche wider die Vorsehung entfuhren dem Munde des Unglüklichen, der von sich selbst überzeugt zu seyn glaubte, daß er diese Behandlung wenigstens von dem östreichischen Hofe nicht verdient hätte. Eine schwarze Melancholie bemächtigte sich so sehr seiner, daß man dieselbe sogar auf seiner Stirne entdekken konnte. Den ganzen Tag dachte er dem ihm von Beirach gemachten Vorschlag nach, ohne jedoch etwas zu beschliessen. Endlich kam die Nacht heran, und beide fiengen ihre gewöhnliche Unterredung auf ihre eigene Art an dem bestimmten Orte wieder an. Trenk theilte seinem Sprachgesellen alle Schwürigkeiten mit, die jener aber so wenig gegründet fand, daß er vielmehr von Herzen darüber lachte. Ja er mahlte unsrem Helden die Art der Flucht so reizzend ab, daß dieser sich nicht enthalten konnte, ihm Beifall zu geben. Beider Gefängniß war im zweiten Stokwerk des Thurms, folglich nicht weit von dem Boden erhöht. Unter beiden Zimmern lief ein Kanal, in welchen ihre Kloake gerichtet waren. Der Kanal, der eine Elle weit unter dem Pflaster beide Kloake vereinigte, ergoß sich endlich in den Graben, der den Thurm umgab, durch eine ziemlich weite Oefnung, so daß man, wenn man hinunter sah, den Grund davon leicht erblikte. Die ganze Höhe des Kanals konnte nicht mehr als 10. oder 12. Ellen betragen. Und er war geraumig genug, zwei Personen, wenn sie sich schmiegten, zu fassen. Beirach hielt es nicht für schwehr, mit einander durch diesen Kanal in den Graben vermittelst eines Seils zu entwischen. Auch dafür hatte er gesorgt, ohne daß es jemand entdekt hätte. Ihre Matrazzen waren ihnen zum Glük von ungefehr — denn alles mußte sich so schikken, — nicht mit Wolle, sondern mit Hanf gefüttert. Beirach hatte vermög seines Fleisses in stillen Mitternächten einen guten Theil des Hanfs zu einem Seil von 20. und mehr Ellen so stark gedreht, daß sich ein Mensch ohne Gefahr daran hängen konnte, welches er den Tag über in der Matrazze selbst verstekte. Die einzige Schwürigkeit bestand noch darinn, wie er unsrem Helden das Seil zubringen sollte, daß auch dieser sich an demselben hinunterlassen könnte. Denn der Unterschied beider Oerter betrug ungefehr eine Elle unter dem Pflaster, und Trenks Hände reichten nicht so weit, um etwas aufzufassen, das ihm von der andern Seite gereicht worden wäre. Aber der sinnreiche Beirach wußte auch hier zu helfen, und alles in

Ordnung zu bringen wurde die folgende Nacht bestimmt. So bald diese gekommen war, ließ Beirach vermittelst eines subtilen Seils ein Licht in den Kanal hinab, so daß er mit den Augen den Raum und die Länge ausmessen konnte. Als das Licht beveftigt war, ließ er auch das grosse Seil, das zur Flucht dienen sollte, hinab. Er hatte es oben in zwei Arme getheilt, und einen für sich, den andern für Trenk bestimmt, und in der Mitte, wo beide Arme sich vereinigten, durch einen starken Knoten vestgeschlungen. Der Arm auf seiner Seite ward bald an einem starken Nagel beveftigt, aber Trenk hatte Mühe, seinen Theil zu erhaschen, bis es ihm endlich vermittelst eines Besens gelang, denselben heraufzuziehen, und gleichfalls an einen starken Nagel anzuknüpfen. So hieng also das Seil, das sich in zwei Arme theilte, in der Mitte vereinigte, und in Einem endigte, in dem Kanal wie eine Leiter beveftigt, an der beide sich bequem hinunter lassen konnten. Aber um diese Arbeit zu beendigen, hatten sie mehrere Stunden aufgeopfert, und waren nicht eher damit fertig geworden, als bis der Tag anbrach. Sie ließen deswegen ihre Vorbereitungen in dem nemlichen Zustand, und verschoben ihre Flucht auf die folgende Nacht, zu welcher sich dem ungeachtet Trenk noch nicht völlig entschlossen hatte.

Dreißigstes Kapitel.

Worinn ein Plan ausgeführt werden soll, der aber unſ‍rem Helden nicht glükt.

Den folgenden Morgen hatte Trenk eine ſehr lange und ſcharfe Unterſuchung auszuſtehen, die ihm beinah alle Hofnung, ſeine Freiheit je wieder zu bekommen, raubte. Von der Partheis lichkeit ſeiner Richter und der Menge der Ankla‍gen, die ſich täglich vermehrten, konnt' er nichts anders erwarten, als daß ſich der langwürige Prozeß nur mit ſeinem Tod enden würde. Dieſe traurigen Gedanken machten ihn ſo übler Laune, daß er den ganzen Tag über ſich ſelbſt haßte. Zwar eben dieſe Gedanken ſollten ihn beſtimmen, ſich, auf welche Art es auch geſchehen könnte, in Freiheit zu ſezzen, und Weiraths Beiſpiel zu fol‍gen, aber ſie brachten eine ganz entgegengeſezte Würkung in ihm hervor. Das Bewußtſeyn un‍ſchuldig verfolgt und unterdrükt zu werden, mach‍te, daß er ſich völlig der Verzweiflung überließ, und ſich — eine Erſcheinung, die in ſolchen La‍

gen nur allzuhäufig ist — den Tod, als den einzigen Retter aus allem Uebel tausendmal wünschte. Diese traurige Bilder würkten so sehr auf seine Seele, daß er beinah dem Hof eine Supplik eingegeben hätte, seinen Prozeß zu enden, und wenn er selbst den Kopf dabei verlöre. Zwar muß ein öffentlicher Tod unter den Händen des Henkers jedem, der Gefühl von Ehre hat, Abscheu erregen, und Trenk fühlte alle Schrekken desselben, aber die tiefe Schwermuth, in die er versank, stellte ihm denselben unter einem solchen Bilde dar, daß er ihn gerne der Flucht vorzog. Auf eine oder die andere Art konnt' er zwar nichts anders erwarten, als daß sein Name gebrandmarkt würde. Aber diesen Flekken an der Stirne, was nüzte ihn sein Leben, als in der Welt das Andenken seiner Beschimpfung fortzupflanzen, und das Bild davon, wo er hinkäme, mitzutragen? Hingegen wenn er starb, war er nicht mehr der Schmach ausgesezt, sich seine Fehler ins Gesicht vorwerfen zu lassen; mit seinem Tod würde Neid, Bosheit und Betrug aufgehört haben, und mit seinem Daseyn würde auch das Andenken erlöschen. — Diese Gedanken waren Eingebungen der schwarzen Verzweiflung, aber für sein Herz waren sie stark genug. Dem ungeachtet entschloß er sich, Beirach für seine mitleidsvollen Absichten, die er hatte, ihm die Freiheit zu verschaffen, den wärmsten Dank abzustatten, und ihm, so viel er konnte, zur Flucht behülflich zu seyn, nur nicht seinem Beispiel zu folgen, und lieber seine eigene Hülfe vom Tod zu erwarten. In der nächsten Nacht wollte er diese seine Gesinnungen seinem Kameraden kund machen — aber wie unstet sind die Menschen in ihren Entschliessungen, und wie wenig braucht es, sie auf andere Meinung zu bringen! Als man ihm gegen Abend die warme Speise, welche er des Tags nur einmal bekam, überbrachte, war er fast Willens, dieselbe gar nicht anzunehmen. So wenig hatte er Lust sich von seinen traurigen Gedanken loszureissen, um die Bedürfnisse der Natur zu befriedigen. „Doch" sagte er, ohne zu wissen, warum? zur Wache, „man sollte ihm die Speise im Zimmer lassen, weil er vielleicht noch Lust zu essen bekommen könnte." Glükliches Ungefehr für ihn. Denn als sein Gefängniß verschlossen war, und ihn Niemand mehr beobachten konnte, nahm er, eh' er sich schlafen legte, einen Bissen von dem Brod, das man ihm gereicht hatte, ohne etwas Weiteres zu essen. Aber wie erstaunt war er, als er in dem Wei-

chen des Brods ein Billet von folgendem Inns
halt fand:

„Geliebtester Bräutigam! Alle Hofnung Ih=
rer Freiheit und Ihres Lebens ist verloren, wenn
Sie nicht darauf denken, sich durch die Flucht zu
retten. Wenn Sie glauben, dieselbe durch Geld
bewerkstelligen zu können, so sparen Sie nichts.
Ich selbst bin bereit, mich ganz für Sie aufzu=
opfern. Können Sie aus Ihrem Kerker entflie=
hen, so wollen wir gewiß eine Freistadt finden,
wo wir den Ueberrest unserer Tage zufrieden zu=
bringen werden. Baronessin Lestoch."

Diese wenige Zeilen, welche in ihm seine ganze
Liebe gegen die Baronessin wieder aufwekten, er=
wekten auch in ihm das Verlangen nach Frei=
heit und Leben wieder. Nun sah er den Tod von
einer ganz andern Seite an, und im Verglich
mit den Süßigkeiten, die er in den Armen einer
geliebten Gattin zu hoffen hatte, schien ihm der
Wunsch nach demselben der Wunsch eines Wahn=
sinnigen zu seyn. So lang man lebt, hoft man
seine Lage zu verbessern, und wenn er nur erst
aus dem engen Kerker wäre, dacht' er, so würd'
es ihm nicht schwehr seyn, seine Feinde zu wi=

verlegen, und sich vor den Augen der Welt zu
rechtfertigen. Wie ganz verschieden ist nun die=
ser Trenk von dem vorigen, den das Leben an=
ekkelte! Er konnte kaum die Mitternacht erwar=
ten, wo in dem Thurm tiefes Stillschweigen
herrschte, um sich mit Beirach zu besprechen, und
mit ihm die Maasregeln zur Flucht abzureden.
Die Stunden dieser Nacht schienen ihm länger
als gewöhnlich — aber endlich erschien die Mit=
ternacht, und Trenk tröstete sich schon mit der
Gewißheit, in kurzem wieder Herr über sich selbst
zu seyn. Was die Maßregeln anlangte, vermit=
telst des Kanals aus dem Thurm zu entkommen,
so schienen ihm diese leicht. Noch leichter mahlte
sie ihm seine natürliche Unerschrokkenheit ab, mit
welcher er im Krieg sich so vielen Gefahren un=
terzogen hatte. War er einmal aus dem Kerker,
und hatte er einen Säbel in der Faust, so wollte
er sich den Weg mitten durch eine ganze Armee
bahnen. Es würde ihm nicht an Mitteln fehlen,
heimlich mit der Baronessin von Lestoch aus Wien
zu entfliehen, und sich in Holland oder England
in Freiheit zu sezzen. Der erste Schritt war der
schlimmste, und glükte dieser, so würden sich die
andern leicht thun lassen. So dacht' er und fieng
ohne Verzug an, sich darüber ernstlich mit Bei=

rach zu besprechen. Sie wurden eins; Beirach sollte sich zuerst in den Kanal hinunterlassen und untersuchen, ob die Defnung, wodurch sich der Kanal in den Graben ergoß, nicht vergittert wäre, wie sie wol befürchten mußten, und in diesem Fall wäre die Flucht zwar nicht aufgehoben, sondern nur auf einige Tage verschoben worden. Denn Beirach sollte alles Nöthige mitnehmen, um das Gitter ohne Getöse loszubrechen. Wäre hingegen keine Hinderniß vorhanden, so sollte Beirach, welcher zu dem Ende Stahl und Zunder bei sich trug, durch ein angezündetes Papier unsrem Helden zur Nachfolge ein Zeichen geben. Sollten sich mehrere Hindernisse finden, so wollten sie mehrere Nächte hindurch wechselsweise arbeiten, dieselbe aus dem Wege zu räumen. Ihre Entschliessung war vorsichtig genug, aber die menschliche Klugheit mag thun, was sie will, so hat doch am Ausgang aller Sachen das Ungefehr seinen Theil. Und dieses scheint sich oft ein boshaftes Vergnügen daraus zu machen, unsere Entschliessungen zu durchkreuzen, um uns seine Obermacht fühlen zu lassen. Als alles, wie sie glaubten, aufs schönste angeordnet war, ließ sich Beirach zuerst an dem Seil glüklich bis dahin hinab, wo sich die beiden Arme vereinigten, aber

seis nun, daß der Knoten nicht vest genug ge=
schlungen, oder das Seil zu schwach war, eine
Menschenlast zu tragen, genug, es brach und
Beirach stürzte in den Kanal hinab. Aus dem
Schall des Falls muthmaßte Trenk, daß er sich
wenigstens die Rippe zerschmettert haben müßte,
und war eben so bekümmert über das traurige
Schiksal des Elenden, als über die Unmöglichkeit
ihm helfen und folgen zu können. So lang er
auch an der Defnung des Kanals wartete, so
merkte er doch nicht die geringste Bewegung auf
seiner Seite, und zweifelte nun nimmer, daß
sein unglüklicher Kamerad im Kanal sein Grab
gefunden hätte. Trenk wäre beinahe vor Ver=
zweiflung über diesen unglüklichen Ausgang mit
dem Kopf wider die Wand gerennt — aber end=
lich faßte er sich wieder, und da er sah, daß er
Beirach doch nimmer helfen könnte, so fand er
für gut, doch wenigstens noch für sich zu sorgen,
und alles wegzuräumen, woraus man Verdacht
schöpfen könnte, daß er Theil an der Flucht des
Unglüklichen genommen hätte. Er rieß deßwe=
gen das bevestigte Seil von seiner Seite los,
und ließ es in den Kanal sinken, und verstopfte
die Defnung in der Mauer, so gut er konnte.
Dann warf er sich verzweifelnd aufs Bett, und

ward von Wuth, Galle und Verzweiflung so er=
hizt, daß ihn den andern Morgen ein heftiges
Fieber aufwekte. Doch während das Fieber un=
sern Helden rüttelt, so wollen wir uns nach Bei=
rach umsehen, und sein Schiksal, auf das der
Leser, wie wir hoffen, ohnehin aufmerksam seyn
wird, so kurz als möglich hier einschalten.

Einunddreißigstes Kapitel.

— Per varios cafus, per tot difcrimina rerum
Tendimus in Latium. —

Als das Seil brach, so stürzte zwar Beirach in die Tiefe des Kanals, und würde unfehlbar den Hals gebrochen haben, wenn nicht der nachgiebige Morast, in dem er halb begraben lag, die Schwehre des Falls gemildert hätte. Mühsam richtete er sich nach einer langen halben Stunde, und von dem üblen Geruch fast erstikt auf die Füsse, und kroch endlich bis zur Oefnung des Kanals, die aber so eng war, daß er beinah mit dem halben Leibe darinn stekken geblieben wäre. Endlich aber glükte es ihm doch, durch diese Mist — enge hindurch zu schlüpfen, und an dem Wassergraben frische Luft zu schöpfen. Nun aber lag ein tiefer See vor ihm, und übel würd' es ihm ergangen seyn, wenn er nicht einst in früher Jugend das Schwimmen gelernt hätte. So aber stürzte er sich muthig in das Wasser, und schwamm glüklich durch die Fluth, welche ihm ausser dem, daß sie ihn trug, noch den freundschaftlichsten Dienst leistete, den er nöthig hatte, ihm vom Kopf bis zu den Füssen den gesammelten Unrath wenigstens zum Theil abzuschwemmen. Jenseits des Grabens hatte er eine ganz kleine Mauer zu ersteigen, um ins Freie zu kommen. Und von da nahm er den kürzesten Weg zum nächsten Thor, um in der Morgendämmerung durch dasselbe, sobald es geöfnet würde, unbemerkt zu schlüpfen. Schwerfällig schritt er durch die Gassen Wiens, theils weil ihn seine Rippen von dem ziemlich hohen Fall noch schmerzten, theils weil seine Kleider nicht wenig Morast und Wasser angeschlukt hatten, und ausserdem starrten ihm die Glieder vor Kälte eben so sehr als vor Angst, wiederum in die unsanfte Hände der Madame Justitia zu fallen. Zu seinem guten Glük begegnete er einem Bettler, der auf Krükken gestüzt bei frühem Morgen seine Hütte verlassen hatte, um sich auf seinen gewöhnlichen Posten zu stellen, und dem Mitleid der Vorübergehenden durch seine erbärmliche Figur Almosen zu entlokken. Noth bricht Eisen, und wenn es auf seine eigene Erhaltung ankommt, so kennt man keine Gesezze mehr. Beirach, da er stärker als der Bettler war, warf denselben mit trozzigen Worten zu Boden, und drohte ihm

das Aeusserste, wenn er es wagen würde, einen
Schrei zu thun. Im nemlichen Augenblik riß
er seine Kleidung, die ohne Zweifel besser als
des Bettlers Habit war, vom Leib, kleidete sich
in die Lumpen desselben, nahm seine Krükken,
stellte sich hinkend, und kam in diesem Aufzug
vor das Stadtthor, welches eben gebfnet ward.
Niemand hätte unter dieser Kleidung den flüchti-
gen Beirach entdekt. Er selbst kannte sich nimmer, und war verwegen genug, den Soldaten
selbst, die dort Wache standen, ein Almosen ab-
zufodern. Kaum hatt' er sie aus seinem Aug
verloren, als er die Krükke wegwarf, die Hauptstraße verlies, und sich auf Seitenwegen Baiern
zu wendete. Die Krükken hatt' er zwar wegge-
worfen, aber das Bettlerhandwerk nicht, da er
durchaus kein Geld bei sich hatte. Mehrere Tage lang bettelte er das Brod vor den Thüren,
aber in einer Lage, wo er selbst andern geben
konnte, ohne es zu wissen. Von ungefehr entdekt' er erst einmal unterwegs, wie reich er wäre. Die zerrissene Fezzen drükten ihn mehr als
je, und ungeachtet er die Schwehre derselben den
darauf geflikten Stükken von mehreren hundert
Farben zuschrieb, so wandelte ihn doch die Neugierde an, den Grund der Last zu untersuchen

und auszuforschen. Er zog den Rok aus, suchte und fand gleich — das erstemal eine hübsche Summe Goldes eingenäht, suchte wieder, und fand abermal — Gold, so daß er endlich, nachdem er alle Flekken sorgfältig durchgespürt hatte, keine geringere Summe als 600. ungrische Dukaten und mehr noch baar zusammenbrachte. Wer war vergnügter als Beirach in einer Lage, wo er so nothwendig Geld brauchte. Er kaufte sich alsbald ein Pferd, und bessere Kleidung, und eilte Holland zu, wo er mit dem Ueberrest seiner Dukaten eine kleine Wirthschaft anlegte, und bald durch kluge Haushaltung es so weit brachte, daß er seine übrigen Tage gemächlich zubringen konnte. Doch genug von diesem sonderbaren Ebentheurer, wir kehren zu unsrem Helden zurük.

Zweiunddreißigstes Kapitel.

Worinn der Held enthauptet werden soll, und der Wiener Jeanhagel geprellt wird.

Beirach war längst in Holland angelangt, als unser Held noch immer im Kerker schmachtete. Sein Prozeß ward täglich schlimmer, und seine Richter, die alles von einem Manne, wie Trenk war, zu fürchten hatten, wenn er frei würde, wendeten alle Kunstgriffe an, ihn entweder in ein ewiges Gefängniß zu sperren, oder gar aus der Welt zu schaffen. Eine Maitresse eines Beisitzers dieses Kriegsrechts, des Hauptmanns Rippenda wurde bestochen, und beschwur, daß sie die Tochter des preussischen Feldmarschalls von Schwerin sei, und daß sie in dem nemlichen Augenblik bei dem König im Bett geschlafen hätte, da Trenk bei Soor ins Lager gefallen wäre. Er hätte sie mit samt dem König gefangen genommen, aber um eine Million wieder losgelassen. Sein Adjutant Baron Hilaire sei dabei gewesen. Dieser Hilaire war eben in Wien gegen-

wärtig, man konfrontirte ihn mit der Maitresse.
Der Betrug war deutlich. Aber dennoch mußte
der ehrliche Mann, der nicht wider den Obristen
zeugen wollte, ins Gefängniß wandern. Nun
wurde in der ganzen Stadt ausgestreut, es sei
gewiß, daß Trenk den König von Preussen gefangen gehabt hätte, und Trenk ward dadurch
noch verhaßter. Ein anderes lasterhaftes Weibsbild wurde auf seine Kosten von Olmüz nach
Wien gebracht, welche vorgab, daß Trenk einen
von seinen Lieutenants und einen Ingenieur mit
Plans und Rissen verrätherischer Weise an den
König von Preussen geschikt hätte. Sie beschrieb
auch den Lieutenant aufs genaueste, wie man sie
abgerichtet hatte. Aber ihr zum Unglük wurde
Trenks Regimentsfeldscherer, der Lieutenant, der
nicht falsch schwören wollte und *** in das
Verhör zugleich hineingelassen. Der Präses fragte sie, welcher unter den dreien der benannte
Lieutenant wäre? Sie wollte anfangs nicht antworten, aus Furcht zu verfehlen. Alle drei traten ab, und sie zeigte im Abgehen auf den Regimentsfeldscherer. Der Präsident that, als hätt'
er dieses nicht bemerkt; sie wurden noch einmal
hereingerufen, und dießmal zeigte sie auf den
Lieutenant ***. Dieser, da er nicht wußte,

was sie wollte, und sie in ihrem bordellmäßigen Anzug unter den Richtern sizzen sah, lachte anfangs über ihren Fingerzeig. Als er aber vernahm, weswegen sie ihn anklagte, so verlangte er mit Recht, daß man sich ihrer Person versichern sollte. Aber auch er mußte wegen dieser Anklage ins Stokhaus wandern. Geringere Anklagen in dem Kriminalprozeß waren, er hätte einem gewissen Panduren Paul Diak 1000. Prügel aufmessen lassen, und dieser wäre unter den Schlägen todt geblieben. Dieses beschworen zwei Offiziers. Die Nothzüchtigung der Müllerstochter, von der schon oben gesprochen ward, kam gleichfalls hieher, und die übrigen Anklagen, ausser den oben schon berührten waren, er hätte Panduren selbst geköpft, keine Messe am Sonntag gehört, und andere dergleichen mehr. — Alles dieses zusammengenommen, sollte dem Obristen den Hals brechen. Man votirte schon, ob er zu ewiger Gefängniß- oder zur Todesstrafe verdammt werden sollte. Die Mehrheit der Stimmen entschied fürs leztere. — Die Sage von dem Todesurtheil des Obristen verbreitete sich schon in ganz Wien, daß er Nachts um 11. Uhr in Wien auf dem neuen Markt hingerichtet werden sollte. Haufenweis strömte das Volk aus der

Stadt und den Vorstädten zusammen, und mehr
als 10,000. Personen erwarteten voll Begierde
das blutige Schauspiel. Die Standspersonen
hatten alle Fenster in der Vorstadt gemiethet,
und für eins derselben 3. Dukaten bezahlt. Da
es aber 12. Uhr schlug, ohne daß die Hauptper=
son erschienen wäre, und wie gewönlich die Thore
gesperrt wurden, so mußten es sich viele Tausen=
de gefallen laßen, auf der Gasse zu übernachten.
Uebrigens würden sie nicht umsonst gewartet ha=
ben, wenn sich nicht folgender für unsern Hel=
den äusserst glüklicher Vorfall ereignet hätte.
Graf Löwenwalde, der nicht ohne Grund befürch=
tete, sein Betrug möchte entdekt werden, hatte
nemlich erfahren, daß der Kaiser und Prinz Karl
den nemlichen Tag auf die Jagd nach Holizsch
fahren würden. In ihrer Abwesenheit wollte er
zur Monarchin gehen, und die Unterschrift des
Todesurtheils durch Vorstellungen einer dringen=
den Gefahr bewürken, wenn man einen für den
Staat so gefährlichen Mann nicht eiligst auf die
Seite schafte, und in der nemlichen Nacht das
Todesurtheil — denn für ein Schaffot hatte er
schon gesorgt — vollziehen, ehe der gerechte Kai=
ser und Prinz Karl, der des Obristen Verdienste
zu schäzzen wußte, von der Jagd zurükkämen.

Zufälliger Weise war der Kammerdiener des Lö＊
wenwalde ein ehrlicherer Mann als sein Herr,
der Trenk mit kaltem Blute gemordet hätte.
Dieser stand mit einer ehmaligen Mâtresse Trenks
in Bekanntschaft, welche sich nach dem Obristen
erkundigte. Der Bediente vertraute ihr das Ge＊
heimniß und die Todesgefahr, die ihm bevor＊
stünde, an. Unverzüglich eilte das Mädchen zum
Obristen Baron Lopresti, von welchem sie wußte,
daß er Trenks Busenfreund gewesen wäre, und
benachrichtigte ihn von dem, was sie ungefehr
ausgekundschaftet hatte. Lopresti, der bei Hof
Kredit hatte, begab sich eilend zu Prinz Karl,
und unterrichtete ihn von dem Schelmenstük, das
Löwenwalde im Schild führte, und Prinz Karl
entdekte den ganzen Bettrug dem Kaiser. Die
Jagd zu Holizsch und die Reise dahin gieng dem
ungeachtet vor sich, Löwenwalde erschien vor der
Monarchin, die gleichfalls von seinen boshaften
Anschlägen unterrichtet worden war, zu denen sie
ihm hülfreiche Hand leisten sollte, und betrieb
die Unterschrift des Todesurtheils aufs dringend＊
ste, verwunderte sich aber gewaltig, als sich The＊
resia weigerte. Der Kaiser kam an eben dem
Tag unvermuthet zurük, der verfluchte Anschlag
wurde vereitelt und Theresia vollkommen von

dem gespielten Betrug überzeugt. Das sogenannte Fräulein von Schwerin wurde festgesezt, dem General Löwenwalde alles, auch die Sequestration des trenkischen Vermögens abgenommen, und ein supremum revisorium über das Kriegsrecht und den trenkischen Prozeß verordnet, welches bis dahin ein in Wien unerhörter Fall war. Der Obriste selbst wurde seiner Fesseln gänzlich befreit und aus dem Militär Stokhaus in das Arsenal zurükgebracht, wo er 4. Zimmer, einen Offizier zur Wache, und alle Bequemlichkeit erhielt. Man gestattete ihm, welches bisher nicht geschehen war, einen Advokaten anzunehmen, und die Sache erhielt nun eine ganz andere Gestalt.

Dreiunddreißigstes Kapitel.

Welches das Längste und wahrscheinlich in der Mitte das Langweiligste ist.

Zum Präsidenten des niedergesezten Revisoriums wurde Feldmarschall Königsek bestimmt, ihm aber weil er Alters und Kränklichkeit wegen keiner Session mehr beiwohnen konnte, Graf S°° als Vicepräsident zugegeben. Beisizzer waren die beiden Hofräthe Komerkansky und Zetto, die übrigen sind weniger bedeutend und nur als Jaherrn anzusehen. Advokaten hatte er zwei, Gerhauser für den Kriminalprozeß, und Berger für die Civilprozesse. Zu eben dieser Zeit kam sein Vetter, der preussische Trenk, welcher aus dem Glazer Gefängniß entflohen war, nach Wien, und ließ es sich äusserst angelegen seyn, seine Ehre zu retten. Er gieng alsbald zu Prinz Karl von Lothringen, und bat um Rath und Hülfe. Dieser versicherte ihn seiner völligen Protektion, und sagte ihm, er sollte seinem Vetter bedeuten, daß sein Geiz allein an allen Weitläuf=

tigkeiten Schuld wäre, weil er sich geweigert hätte, in Zeiten elende 12,000. Gulden herzugeben, womit man alle lautschreiende Kläger hätte leichtlich befriedigen können. Er sollte nunmehr, da die Sache so weit gekommen wäre, bei seinem Revisionsprozesse kein Geld schonen. Trenk kam zu seinem Vetter, theilte ihm den wolgemeinten Rath des Prinzen mit, und brachte es durch seine Ueberredung dahin, daß der Pandurenobriste sich zu dem sauren Schritt entschloß. Der Vicepräsident erhielt 3000. Dukaten, die beiden Hofräthe jeder einstweilen 4000. Rthlr. voraus, mit Versicherung des doppelten, wenn Trenk absolvirt, und seine Kläger des Landes verwiesen seyn würden. Die Scene änderte sich nun bald, da Trenk den mächtigsten Advokaten — Geld gebrauchte. Der Anfang wurde mit dem sogenannten Fräulein von Schwerin gemacht. Da sie sah, daß man ernstlich in sie drang, stellte sie sich närrisch, gab im Verhör verkehrte Antworten, und Trenk mußte sich damit statt aller Satisfaktion begnügen, daß man ihm sagte, sie sei über die Grenze gebracht worden. Einige Jahre nachher aber traf sie der preussische Trenk in Brünn mit einem Bedienten verheurathet an. Sie gestand ihm dort den ganzen Handel, daß

sie von dem General Löwenwalde bestochen ge⸗
wesen wäre, diese Rolle zu spielen, und dafür
500. fl. empfangen hätte. Würde der Plan ge⸗
lungen seyn, sezte sie hinzu, so hätte sie Löwen⸗
wald an seinen Adjutanten verheurathet, und
mit einem Heurathgut von 50,000. fl. aus der
trenkischen Kaffe ausgestattet. Schönes Verfah⸗
ren von Seiten eines Blutrichters!! Der Lieute⸗
nant Hilaire, der wegen ihr ins Gefängniß hatte
wandern müssen, erhielt, gleichfalls keine Genug⸗
thuung, und mußte noch froh seyn, daß man
ihn nur seines Arrests entließ. Das andere
Weibsbild, die ihn beschuldigt hatte, daß er dem
König von Preussen Risse zugeschikt hätte, stellte
sich bei dem Verhör gleichfalls närrisch, schrie öf⸗
ters aus, sie sähe den Teufel, der sie holen
wollte, und mußte nach St. Marx wandern.
Nachher aber erfuhr man, daß sie in ihrer Ju⸗
gend eine Venuspriesterin gewesen wäre, und,
als sie ihrem Dienst nimmer hätte vorstehen kön⸗
nen, andere in den cyprischen Geheimnissen ein⸗
geweiht hätte. Sie hatte gehoft, bei dem tren⸗
kischen Prozeß wie so viele andere im Trüben
fischen zu können, den General Löwenwalde von
Alters her noch gekannt, und sich zur Gehülfin
seiner schwarzen Absichten gebrauchen lassen. Der

Lieutenant wurde aus einem 21. tägigen harten Arreste losgelassen. Er verlangte weitere Untersuchung und Genugthuung. Allein der Richter antwortete ihm trokken, wenn er nicht zufrieden wäre, so könnte er dahin, wo er hergekommen wäre, zurükwandern. Abermals ein schönes Verfahren! Was den Panduren anlangte, der unter den Schlägen gestorben seyn sollte, so hatte es damit folgende Bewandtniß. Paul Diak hatte schon dreimal rebellirt und Komplotte gemacht. Trenk hatte ihn allemal begnadigt, weil er ein besonders brauchbarer Soldat war. Endlich hatte er mit 40. Mann abermals komplottirt, und stand bereits verurtheilt am Galgen. Hier rief er seinem Obristen zu: „Vater! wenn ich tausend Prügel aushalte, giebst du mir Pardon?" „Ja!" erwiederte Trenk. Jener empfieng sie richtig, und wurde im Hospital geheilt. Der preussische Trenk brachte ihn würklich lebendig aus Sklavonien nach Wien, und während des Revisionsprozesses, vor Gericht, wo es sich noch ausserdem zeigte, daß die beiden Offiziers, welche geschworen hatten, daß sie der Exekution beigewohnt, und ihn sterben und begraben gesehen hätten, zu eben der Zeit 160. Meilen weit vom Regiment entfernt, und in Sklavonien auf Werbung geſtanden waren. So wurden die meiſten Punkte, welche man kriminell gemacht hatte, widerlegt, und die Unſchuld des Pandurenobriſten dargethan. Nur ein einziger Punkt, daß er nemlich in Schleſien eine Müllerstochter genothzüchtigt hätte, wurde in dem Reviſorio nicht gründlich entſchuldigt, und wegen dieſem einzigen Artikel, mußte er, weil man ihm alle andere Verbrechen nicht erweißen konnte, auf den Spielberg wandern, denn erſt zwei Jahre nach ſeinem Tod entdekte der preuſſiſche Trenk den Ungrund von dieſer Beſchuldigung. „Der Major von Manſtein," ſagt derſelbe, „unſer Geſchwiſterkind, dem der Pandurenobriſte nichts als Wolthaten erzeigt, und den er aus der bitterſten Armuth innerhalb vier Jahren bei ſeinem Regiment zu ſeinem Major erhoben hatte, war niederträchtig genug, und hatte in dieſer Sache falſch Zeugniß gegeben, um den Obriſten vom Regiment zu entfernen, weil er mit dem Quartiermeiſter Friderici 84,000. Gulden von der Regimentskaſſe entwendet hatte. So bald Trenk todt war, wurde alles auf ihn geſchoben. Inzwiſchen war dieſes Müllermädchen ſchon des Mannſteins Mätreſſe, ehe ſie noch Trenk geſehen hatte. Das Schelmſtük gelang aber ſo gut, daß er bei der tugendhaften Monarchin alle Gnade und alles Mitleiden hiedurch auf ewig verlor. 8000. Gulden mußte er der Müllerstochter für ihre Ehre und 15,000. Gulden Strafgelder an die Invalidenkaffe baar bezahlen. — Dreiundsechzig Civilprozesse und Forderungen von seinen Anklägern, blieben mir nach seinem Tode auszumachen übrig. Alle fanden Schimpf und Schande, aber kein Geld, wie sie gehoft hatten. Ich gewann alle Prozesse, und sie wurden verurtheilt die Gerichtskosten, auch die bereits vom General Löwenwalde empfangenen Diäten= und Anschlagsgelder zurükzuzalen. Sie waren aber alle arm, folglich verlor ich alles. Von Rechtswegen hätte mir Löwenwalde alles vergüten sollen. Inzwischen hatten sie allein 15,000. Gulden Diäten gezogen, die auch für mich verloren blieben. So gar hat man wol noch nie erhört, daß einem Kläger, welcher Forderungen macht, schon auf Rechnung dieser Forderung Zahlungen vom Richter angewiesen werden, eh' entschieden ist, ob er etwas legal zu fordern hat. In des Trenks Prozessen, in actis, protocollo und Rechnungen findet man aber, daß dieses häufig geschehen ist. Dennoch wurde kein solcher Richter gestraft, kein Ersaz gemacht, wenn auch würklich der Betrug erwiesen war. Welcher Leser schauert nicht vor einem solchen Verfahren der Gerechtigkeit zurük!—" Binnen 3. Wochen wurde Trenk mit seiner Defensionsschrift fertig, ungeachtet jedermann an der Möglichkeit ihrer Ausfertigung in so kurzer Zeit zweifelte, und er überreichte dieselbe den dritten Tag nach dem gesezten Termin der Revision den 12. Dec. 1746. Nun glaubte er die Sache würde bald beendigt werden, und verwunderte sich gewaltig, als er zwei Monate nachher erfuhr, daß die Referenten nichts ohne das Attestat des Prinzen Karls, auf welches er sich in etlichen Punkten bezogen hatte, beschliessen könnten. Bis er dasselbe erhielt, vergiengen wieder 3. Wochen. Ungeachtet dasselbe ganz zu seinem Vortheil ausfiel, so machten doch die Richter Schwürigkeit es als gültig anzusehen, und fragten vorher bei der Monarchin an, ob sie der Meinung wäre, daß man auf das Attestat sprechen sollte. Dadurch verzog sich der Arrest und Prozeß des Obristen immer weiter, und Trenk sah sich genöthigt, durch seinen Advokaten folgendes Promemoria an die Monarchin gelangen zu lassen: „Demnach Baron Trenk zufolge des ihm allergnädigst ertheilten Termins seine Defensionsschrift innerhalb 3. Wochen eingegeben, nemlich den 12. Dec. abgewichenen Jahres alleruntertänigst eingereicht, und in solchen 3. verschiedene Petita cumulirt, nemlichen I. den wider ihn von dem in Sachen allerhöchst aufgestellt gewesten Kriegsrecht abgeführten Kriminalprozeß ex officio allergnädigst zu annulliren und zu kassiren, oder II. ihn von denen ihme imputirten criminibus zu absolviren, allenfalls aber III. mehrgemeldten Baron Trenk zur ordentlichen Purgation allermildest zuzulassen, ist hierüber innerhalb ganzer 3. Monate seines Wissens nicht das Mindeste bis anhero vorgekehrt worden: Gleichwie aber bei diesem von ihme Baron Trenk alleruntertänigst allergehorsamst gestellten breien Petitis hauptsächlich es dahin ankommt, ob einem aus solchem allergnädigst deferirt, oder anstatt dessen er Baron Trenk arbitrarie oder ordinarie abgeurtheilt werden könne? Als ist demnach ein und das andere rechtlichen zu erörtern. Daß nun also er Baron Trenk bei künftig = allerhöchster Kriminalprozeß= erledigung weder arbitrarie noch ordinarie kondemnirt werden könne, dieses ergiebet sich nun so rechtlicher aus folgenden, als:"

„Primo nicht nur allein vermöge denen beiben aufgestellt gewesten Kriegs▆▆▆bgeführten

Kriminalprozeß, sondern auch aus der von ihme
Trenk allerunterthänigst eingereichten Revisions-
schrift in facto nur allzurichtig gestellt wird, daß
1) die ihme imputirte crimina weder durch die
sich selbst hervorgemacht ordentlich und würkliche
Actores, oder Anklägere in via accusationis, weder durch das wiederholt aufgestellt geweßte
Kriegsrecht in via inquisitionis legitime dargethan, und ex eo nicht rechtlichen probirt worden
seind, alldieweilen weder er Trenk, der Kriminal-
ordnung nach gewöhnlicher maffen tertia die kon-
stituiret; und er sowol als die Zeugen a princi-
pio usque ad finem suggestive befraget, die Zeugen hingegen mit einander unter sich contra
omnem juris ordinem konfrontirt worden, und
weiteres unum, idemque factum & circum-
stantias ein Zeug affirmative, der andere aber
negative beschworen, ja sich pro accusatoribus
& testibus simul & quidem zu der leztern Qualität selbsten et irrequisiti angetragen haben. Einige aber hierzu ad affirmative respondendum
& edicendum durch Arrest und Eisen anschlagen
gezwungen, mit nichten aber zu deutlicher und
unumständlicher Aussagung angehalten worden
sind, noch weniger aber er Baron Trenk, selber
solch ihme imputirte crimina eingestanden hat,

welch ein und das andere doch in ordine ad hoc, auf daß mit einem Endurtheil vel arbitrarie vel ordinarie abgegangen werden könne, unumgänglich erfordert wird: ja der mindeste Umstand, so das factum seu crimen zweifelhaft machen kann, ganz klar erörtert werden muß. Und obschon 2) nicht ohne, daß er Baron Trenk in seinen Aussagen ein und anderes factum eingestanden hat, so ist doch hier Ortes allergnädigst wohl zu erwegen, daß er Baron Trenk in keinem einzigen puncto das factum simpliciter, sondern nur sub certa qualitate, modo seu conditione bekennet hat, quæ adjecta qualitas, modus et conditio autem, zumalen hierdurch das factum ein ganz anderes Ansehen gewinnt, und speciem criminis verliert, vor allem andern gleichfalls erläutert werden muß, und in so lange nicht mit einem Endurtheil, seu definitive, auch nicht einmal arbitrarie mittelst mindester Bestrafung abgegangen werden kan, als in so lange die solchergestalten beigerükte Qualität entweder würklich beschehen zu seyn gleichfalls rechtlich dargethan wird; und da"

„Secundo, vermöge der vorgelegter massen bei dem aufgestellt geweßten Kriegsrecht unter=

loffen= unordentlich und widerrechtlichen Krimi=
nalprozeßinstruirung die nullitas processus in pro-
patulo ist, als kan er Baron Trenk nicht nur
allein quocunque ullo modo nicht kondemnirt
werden, sondern es wäre auch solcher Inquisi=
tionsprozeß ex officio allergnädigst zu kaßiren,
und diesem seinem Petito allermildest zu gewilli=
gen; allein gleichwie er nun die allerhöchste Er=
klärung solcher nullitatis processus eben so haupt=
sächlichen nicht zu thun, angesehen der ganze processus de novo incaminirt werden müße, als ist
vielmehr hier Orts weiter darzuthun, womit"

„Tertio er Baron Trenk hisce omnibus
etiam stantibus zufolge seines von ihm allerun=
terthänigst allergehorsamst gestellten Petiti, von
denen ihme imputirten criminibus und dißeitiger
Straf allergnädigst absolvirt werden könnte, und
zumalen denn zu Plazgreifung dessen eines Theils
in facto nur allzurichtig und nicht zu widerspre=
chen ist, daß dieser Kriminalprozeß per accusatio-
nem seinen Anfang genommen, und durch ordent=
liche Actores konstituirt worden, mithin andern
Theils, diese wider ihn instigirt aufgetretene Klä=
ger, die in ihren libellis ihm so vielfältig und
häufig aufgebürdete crimina der Ordnung nach

durch andere untadelhafte Gezeugen und artiku=
lirt ſtringirte Außſagen rechtlich hätten erweiſſen
ſollen. Dritten Theils aber ungeacht beſſen ſie
Anklägere dennoch zugleich Zeugen in propria cau-
ſa (quale teſtimonium autem in jure nullam
probationem facit) abgegeben und die übrigen
Zeugen eben ganz tabelhaft ſind, und alle dero=
ſelben ihre Außſagen (cum nec diem, modum,
qualitatem et reſpective quantitatem, aut ratio-
nem ſuorum edictorum, ſeu propriam ſcientiam
contineant) keineswegs konkludiren, mithin ſelbe
intentionem ſuam mit nichten probirt, noch die
ihme Trenk imputirte crimina erwieſen, weder
das factum richtig geſtellt, oder ihn deſſen legitime konvinzirt haben; vierten Theils hingegen
in denen allgemein bekannten Rechten, eine aus=
gemachte Sache iſt, quod actore non probante
reus veniat abſolvendus, & jura proniora ad li-
berandum potius, quam condemnandum ſint,
imo plus præſtat nocentem dimittere, quam in-
nocentem condemnare; als iſt auch endlichen
nicht zu widerneinen, daß er Baron Trenk von
der von ſeinen Klägern wider ihn eingereichten
Kriminalklage und all darinnen imputirten criminibus los und ledig allergnädigſt allermildeſt ge=
ſprochen werden könne, beſonders wo nebſt alle=

deme annoch allergnädigst zu erwegen kommt, daß Er Baron Trenk auf künftigen Monat April, schon durch ein ganzes Jahr citra suam culpam, (weilen das aufgestellt gewes̄te Kriegsrecht den Kriminalprozeß gleich anfangs ordentlich instruiren und die benöthigten verificationes einholen sollen) in squalore carceris gesessen, als ein würklicher Obrister inaudite kreuzweiß geschlossen, seine Güter contra clara jura Hungarica, (angesehen er nicht einmal eines criminis perduellionis aut læsæ majestatis angeklagt worden) in˙ sequestrationem gezogen, dann durante hac sequestratione durch das Comitat in unaussprechlichen Schaden gesezt, und die Herrschaft ruinirt worden, ungemein große Spesen aufgegangen, bei dem ganzen Publiko gleichsam als wann Er mit dem König von Preussen colludirt, selben gar gefangen, jedoch wieder dolose losgelassen hätte, ja sogar eine gewiße Weibsperson, um ihn dessen zu überzeugen, mit freien Spesen hieher, obzwar nur zum Schein kommen lassen, wo man doch hernach hievon völlig præscindirt, und nur sein Lieutenant vorgestellt, jedoch auch diesem nichts im Mindesten beweisen können, gänzlichen verhaßt gemacht, und in größte Schand und Spott gesezt worden. Schlüßlichen aber Er Baron Trenk die ihme imputirte delicta graviora durch die von Ihro königlichen Hoheit, Herrn Herzoge zu Lothringen Durchlaucht herausgegebener verification, daß Er sich bei Höchstdero vorgehabten Kommando verantwortet und certo modo zu ein und andern von Höchstdenenselben authorisirt geworden wäre, gänzlichen purgirt habe: Ja was noch mehr, ungeachtet daß dergleichen höchste Verification bei der gleich anfangs fürgeweßt General Graf *** Untersuchungskommißion nicht beigelegt gewesen, dennoch Derselbe mit seinem voto dahin abgegangen; gleichwie ex actis zu ersehen, daß dieser ihne Baron Trenk imputirter criminum halber ein ordentlich Kriegsrecht zu halten, unnöthig zu seyn erachtete, und da die von Baron Trenk dem allerdurchlauchtigsten Haus Oestreich allerunterthänigst-erspriesslich geleistete vielfältige Dienste und vieleroberte haltbare Plätze vor ein und anderes Versehen wider allerunterthänigstes Anhoffen völlig loszusprechen nicht fähig seyn sollten, so wäre doch"

„Quarto um so weniger die von ihm lezlich ad purgationem gebetene Zulassung und immittelst Arrestsentledigung gegen genugsame Caution ihme, Baron Trenk, zu denegiren, und zugleich ein und den andern um so rechtlicher allergnädigst zuzulassen, als hocusque recensirter Maßen genug erhellt, wie alles turbato ordine hergegangen, keine verificationes eingeholt worden, und Er Baron Trenk in ein und andern bereits sich würklich purgirt habe, dann endlich die de jure naturæ etiam cuique competens defensio seu probatio nemini denegari possit &c.

D. Gerhauer,

ex officio Bestellter."

Trenk bekam auf dieses unterthänigste pro memoria die gnädigste Versicherung, daß sein Prozeß nächstens ein Ende nehmen solte, und seine Freunde im Revisorio bestärkten ihn heimlich, daß er um Ostern 1748 völlig losgesprochen werden sollte. Aufgeblaßen über den Sieg, den er nun über seine Feinde davonzutragen hoffte, war er unbesonnen genug, seine Lebensgeschichte in Frankfurt am Main drukken zu lassen. In derselben war nicht nur ein großer Theil seiner ersten Richter mit den schwärzsten Farben abgeschildert, sondern es waren auch Ausdrükke zu bemerken, welche nicht nur deutlich zu verstehen gaben, daß selbst seine Freunde im Revisionsprozeß Gefahr liefen, von ihm verrathen zu werden, sobald er ihren Beistand nicht mehr nöthig hätte. Sein Advokat hatte in diesem Fall

alles zu befürchten, weil er sich vorzüglich zu
Bestechungen hatte gebrauchen lassen. Ausserdem
glaubte sich dieser noch von Trenk beleidigt. Er
hatte nemlich die Zalung gefodert, ehe er die
Hauptschrift zur gänzlichen Rechtfertigung eingab, und 2000 Dukaten dafür begehrt; der gei-
zige Trenk, der sich schon frei glaubte, bot ihm
nur 100. Dadurch wurde der Spruch aufgehalten. Der beleidigte Advokat schlug sich auf die
Seite des General Löwenwalde, welcher ihn
willfährig aufnahm, und diesem, Trenks abgesag-
tem Feind, entdekte er nun alle Geheimnisse.
Löwenwalde, dessen Glük oder Unglük einzig von
Trenks Schiksal abhieng, eilte unverzüglich zur
Monarchin, und theilte ihr die erwünschte gemachte Entdekkung mit, daß die Richter im Revisorio bestochen wären, und drohte, falls Trenk
wider das Urtheil seines Kriegsrechts durch Protektion des Kaisers und Prinzen Karls losgesprochen würde, öffentlich die Ehre seines Gerichts
zu vertheidigen. Nicht genug, daß Trenk seine
Advokaten aus unzeitigem Geiz wider den Kopf
gestossen hatte, übte er auch an seinem Vetter,
dem preußischen Trenk, der ihm biß daher so treu-
lich beigestanden hatte, den schwärzsten Undank
aus, wie sich Jeder, der die Lebensgeschichte

des preußischen Trenks gelesen hat, erinnern wird, dadurch, daß er ihn auf meuchelmörderische Art aus der Welt zu schaffen suchte, um ihm keine Verbindlichkeit schuldig zu seyn. Dieser Verrätherstreich, an einem Blutsfreunde, dekte seine schwarze Seele vollends auf. Der Preuße verlies ihn, und Prinz Karl zog zulezt auch noch die Beschüzzerhand zurük. Nun war Trenk von allen Seiten durch seine eigene Schuld verlassen. Weil er elende 2000 Dukaten nicht geben wollte, verlor er 50000 Rthlr., die er nach und nach an die Revisionsrichter ausgespendet hatte; denn diese, weil sie von ihm ähnliche Verrätherstreiche zu fürchten hatten, liessen ihn stekken, und hinderten ihn, laut zu schreien. Sein Advokat schwieg, der Revisionsprozeß wurde abgebrochen, seine Feinde triumphirten, und den 20. Aug. 1748 fiel das Endurtheil dahin aus: „Daß Er auf ewig als Staatsgefangener auf dem Spielberg verwahrt werden sollte. — "

„So spielt das Schiksal mit uns Menschen," sagt der preußische Trenk, „er hatte an seiner Monarchin Gnade Achtung und Lohn den rechtmäßigsten Anspruch durch seine Handlungen, durch seinen Diensteifer und ächte patriotische Treue verdient, und wurde wie ein Missethäter gemißhandelt. An Privatperſonen, die er geplündert, um ſich reich zu machen; an unſchuldigen Menſchen, die ihn nie beleidigten, und denen er Leben und Güter raubte, wann ſich ſeine wilde kriegeriſch brauſende Leidenſchaften empörten; an manchem ehrlichen Mann, den er unglüklich machte; an ſeinem vier und achtzig jährigen Vater, an ſeiner ſchönen tugendhaften Frau, denen er wie ein Wüterich begegnete, an mir ſelbſt; an den ſittlichen Pflichten der Verbrüderung und Menſchenliebe hatte er Rache, Strafe und Verbannung aus der menſchlichen Geſellſchaft verdient. Dieſe hat er auf dem Spielberge gebüßt, und von dieſer Seite iſt ihm recht geſchehen, und ſein Nachruf verdunkelt, wenn er billig aus der Liſte der Menſchenfreunde und redlichen Männer ausgeſtrichen wird, und die Spuren ſeiner ausgeübten Grauſamkeiten mit Thränen und Seufzern ſolcher Elenden überſchwemmt ſind, denen er gar keine Barmherzigkeit erzeigt hat. Verflucht ſei ſein Andenken in Bayern! Ich ſelber fluche der Aſche eines Mannes, der würklich für ſich allein, und gefühllos für Bedrängte und Wehrloſe lebte. Ewiger Fluch ſei dem geſprochen, der an Freunden und Feinden ſo handelte als Trenk; Fluch ruft ihm im Grabe mein Herz zu, da Er allein mein Unglük verursacht hat; hingegen sollte bei Löwenwalde's und seiner Mitschuldigen Grabe eine Schandsäule stehen, an welcher er mit seinem erkauften Fräulein Schwerin zusammengekuppelt prangen sollte, um allen denen, die auf der Richterbank sizzen, zum Schrekbilde und Abscheu zu dienen. In der östreichischen Monarchie und bei der kroatischen Nation gebürt ihm aber ein ewiger Dank, Denk= und Ehrenmal : Lohn, verdienter Lohn vom Staate, für den er arbeitsam, würksam und nüzlich lebte, und als ein Märtyrer des Neides und der schallhaften Verläumbung starb." So weit Trenk, und jeder unpartheiische Leser wird diß sein richtig gefälltes Urtheil unterschreiben — doch wir gehen zu unsrem Helden zurük, und sehen, wie er sich bei Ankündigung des Urtheils gebärdet.

Vier und dreißigstes Kapitel.

Worinn der Held in eine ewige Gefangenschaft wandert.

Gelassen hörte er anfangs zu Aller Erstaunen das schrekliche Urtheil einer ewigen Gefangenschaft an, und sein Stolz verhinderte anfangs weibische Klagen, aber bald gieng derselbe in Wut und Raserei über. „Lohnst du so Theresia," fieng er schreiend zu toben an, „deine treusten Diener? Soll der Fus, der in deinem Dienst zerschmettert wurde, nun auf ewig drükkende Ketten tragen? Soll die Wunde, die noch nicht benarbt ist, immer durch Fusschellen wieder aufgerieben werden? Soll diß Antliz, entstellt durch des Pulvers Zerstörkraft nicht mehr schauen des Himmels Gewölbe? Sollen diese Arme, einst schwerauffallend deinen Feinden, in kraftloser Unthätigkeit dahin schwinden? Soll dieser Eifer für dich in den fürchterlichen Weheton der Rache sich verwandeln? Sollen meine Feinde, die ich einst keines Blikkes würdigte, spottend auf meinen Ruinen einherwandeln? Bist du Allmächtiger, und siehst du den Wirbel da unten? Nein! du bist nicht, sonst trüg ich nicht diese Fesseln. — Wehe mir, daß ich je focht für Theresiens Ehre, daß ich Städte zerstörte, Greise erwürgte, und den Säugling erstikte — ja! — ich habe diesen Lohn verdient, er ist meiner Thaten werth, aber — nicht durch sie. — Bayern oder Frankreich sollten meine Blutrichter seyn, nicht Oestreich! —" So schrie der Obriste halb wahnsinnig wild auf, und verfluchte sich und die Stunde, in der er gebohren war. Endlich ward er wieder ruhig. Aber diese Ruhe glich der Meeresstille, die einen nahen Sturm verkündet. Unter tausend Verwünschungen fuhr er dem Spielberge zu, wo er seine Tage enden solte: und ein Fluch war der Willkomm, der seinem Aufenthalt entgegen donnerte. Der erste, der ihm nahe bei dem Berge begegnete, war der Zigeuner, der ihn einst vor seinen Feinden gewarnt hatte. „Du hast Recht Alter," rief ihm Trenk zu, „daß ich bald nimmer lachen würde. Die Sonne meines Lebens wird düster untergehen — Siehst dort, den Thurm, Alter, dort wird sie in schrekliche Nacht versinken. Aber wärst du mit deiner Prophezeihung, samt allen denen, die sie erfüllten, in der Hölle." — „Ich fürchte Ihr werdet mir bald die Bahn dahin brechen," erwiederte ihm der Zigeuner. „Glük auf die Reife!" — „Sprich!" donnerte ihn Trenk mit wütender Stimme an — „ist Freiheit auf immer für mich verloren?" „Wie man's nimmt," erwiederte der Zigeuner:

„Bet', und tilge deine Sünden —
Freiheit wirst du durch die Bahre finden."

Hiemit wandte ihm der Zigeuner den Rükken, und Trenk langte nachdenklich über den Sinn dieser räthselhaften Worte vor dem Wall des Spielberges an, eh er es noch vermuthet hatte. Aber bei dem Anblik desselben bemächtigten sich Wut und Verzweiflung so sehr seiner, daß man ihn sinnlos in sein Staatsgefängnis schleppen mußte. Mit Fluchen schlief er ein, und mit Flüchen erwachte er wieder. Ein heftiges Fieber war die Folge seiner empörten Lebensgeister. Wider seinen Willen holte man einen geschikten Arzt aus Brünn, und dieser wird nun im nächten Kapitel seine Rolle spielen.

Fünfunddreißigstes Kapitel.

Worinn ein Arzt mit seinem Schüler auftritt, und der
Schüler den Meister übertrift.

„Packen Sie sich gleich zum ***, mein
Herr," war Trenks Willkomm an den Arzt, „oder
verstehen Sie Ihr Handwerk recht gut, mich bald
abzufördern, dann sollen Sie mir angenehm seyn."
Der Arzt stuzte bei dieser Anrede, aber Trenk
beharrte dabei, seine Dienste in keinem andern
Fall gebrauchen zu wollen, als wenn er ihm bal=
dige Auflösung seiner Existenz verspräche. Der
Arzt versprach es ihm zum Schein. Trenk traute
ihm nicht, und that alles mögliche, die Würkun=
gen der Arzneimittel schädlich zu machen. Arzt
und Patient eiferten nun um die Wette, der eine
zur Genesung der andere zum Tod. — Was Tau=
senden so leicht ist, durch die Hände der Aerzte
zu sterben, ward unserm Helden versagt, denn
der seinige war zum Unglük für ihn, wie er
meinte, ein erfahrner, und was noch mehr ist —
ein gewissenhafter Mann. So sehr Trenk sich

den Tod wünschte, so sehr war der Arzt besorgt, seinen Patienten am Leben zu erhalten. Da er wußte, daß sich seine körperliche Krankheit von Krankheit der Seele herleitete, so suchte er zuerst, das Uebel von der Seite zu heben, und ihm mit allen möglichen Gründen der Philosophie Trost einzusprechen, den er freilich in seiner übeln Lage vorzüglich nöthig hatte. Stundenlang unterhielt er sich mit unsrem Helden, und war zufrieden, wenn er sah, daß nur zwei oder drei Trostworte in der Seele des Verzweiflenden Wurzel gefaßt hätten, und hofte nach und nach wenn er nur erst das Uebel der Seele gehoben hätte, die Krankheit des Körpers um so leichter zu heilen. In einer dieser geheimen Unterredungen entdekte er unter Anderm dem Obristen, daß er die Ehre hätte, die Baronessin Lestoch zu kennen, und daß ihm diese seine Rettung aufs äusserste anempfohlen hätte. Bei dem Namen Lestoch verbreitete sich die erste Heiterkeit wieder auf seiner Stirne; nun erst wollte er wieder leben, und alle Arzneimittel verschlukken, sollten sie auch so bitter als der Tod seyn. Erwünscht waren ihm jezt die Besuche des Arztes, um wenigstens von ihr sprechen, und Nachrichten von einer Person einziehen zu können, die ihm so theuer war, und die sich im Unglük seiner so standhaft annahm. Zwar mußten sie vorsichtig sprechen; um nicht von der Wache gehört zu werden, aber doch wurde alle Tage von diesem Gegenstand geredet, und Trenk wünschte, seine Krankheit möchte nie gehoben werden, nur um nicht des Trosts entbehren zu müssen, sich mit seinem lieben Arzt von der Baronessin zu unterhalten. Eines Tages, als ihm der Arzt seinen gewöhnlichen Besuch abstattete, gab er ihm zu verstehen, daß er sich heute nicht lange aufhalten könnte, weil er selbst einen kleinen Fieberanfall verspürte, und diß leztere sagte er so laut, daß es der wachthabende Offizier und die Wache leicht hören konnte, die vor dem Zimmer stand. Trenk war über diese Neuigkeit verdrüßlich, weil er befürchten mußte, mehrere Tage lang die Gesellschaft des Arztes, die seine einzige Erleichterung war, entbehren zu müssen. Beim Abschied sagte er zu dem Offizier, wenn er morgen nicht kommen könnte, den Obristen zu besuchen, so wolte er einen seiner Schüler, auf dessen Erfahrung und Geschiklichkeit er sich vollkommen verlassen könnte, statt seiner schikken. Der Offizier versezte ihm höflich, er solte thun, was er für gut hielte, und begleitete ihn zum Zimmer hinaus. Vor der Thüre sprachen sie leise miteinander, aber Trenk konnte ihr Geheimniß nicht ergründen, ob er gleich die ganze Nacht deßwegen schlaflos zubrachte.

Den folgenden Morgen führte man den jungen Arzt, wie ihm der Alte vorhersagte, in das Zimmer, und Trenk stand wegen seinem Freund — denn dieses war der alte Arzt geworden, in Sorgen, er möchte gefährlich krank seyn. Aber seine Besorgniß verwandelte sich bald in das überraschendste Erstaunen, als er den jungen Arzt schärfer ins Aug faßte, um sich bei ihm nach seinem Lehrer zu erkundigen, und in ihm — die Baronessin Lestoch entdekte. Himmel! wer mag sein Erstaunen schildern, und noch mehr, die Freude, die ihn bei diesem Anblik überraschte. Es fehlte wenig, daß ihm nicht ein Freudenschrei entfahren wäre, welcher das ganze Geheimniß verrathen hätte. „Stille" lispelte sie ihm noch zu rechter Zeit zu, „stille ums Himmels willen. Zerstören sie nicht einen Plan, den ich so künstlich angelegt, und bis hieher so glüklich ausgeführt habe." Trenk hatte ihr in einem Athem so viel zu sagen, daß er nicht mehr wußte, wo er angefangen hatte, und wo er stehen geblieben war. Für tausend Gefälligkeiten, die sie ihm während seines Arrestes erzeigt hatte, wollte er ihr tau-

send Dank abstatten. Auch sein Herz und die
Liebe kam mit ins Spiel — „Aber es ist jezt
nicht Zeit, sagte die Baronessin, uns mit Klei=
nigkeiten aufzuhalten, in einem Augenblik, da
wir die günstige Gelegenheit benuzzen müssen,
die vielleicht nie wieder für Sie zurükkehrt. Ich
habe, wenn Sie es noch nicht wissen sollten, den
Arzt auf meine Seite gebracht, daß er mir die=
ses Stratagem, seine Rolle zu spielen, erlaubte,
um mich mit Ihnen unterreden zu können. Auch
der wachthabende Offizier ist bestochen. Sie wer=
den sehen, daß er Sie von heute an weniger be=
obachten wird, und daß ich schon jezt die Frei=
heit habe, lauter mit ihnen sprechen zu dürfen,
ohne in Furcht zu stehen verrathen zu werden.
Aber hätte ich weiter nichts als dieses gethan,
so hätte ich im Grund nichts gethan. Mein Plan
erstrekt sich weiter, als Sie vielleicht selbst nicht
denken, und ich schmeichle mir mit einem glükli=
chen Erfolg. Am Wienerhof ist keine Rettung
mehr für Sie. Ich habe alles, aber umsonst,
versucht. Man beharrt unerschütterlich auf dem
gesprochenen Urtheil einer ewigen Gefangenschaft.
Um Sie zu retten mußte ich auf eine List be=
dacht seyn. Der wachthabende Offizier, mit
dem ich mehrere Unterredungen über diesen Ge=

genstand gehalten habe, hat eine Art ausfindig gemacht, wie Sie aus dem Kerker entfliehen können, ohne daß er seine Ehre dabei aufs Spiel zu sezzen glaubt. Der einzige Punkt ist nur, ob Sie Gedult haben, den Vorschlag auszuführen, und lieber die Flucht dem Tod vorziehen. Was Ihnen auch Ihre Ehrliebe und das Bewußtseyn Ihrer Unschuld, und ihr stolzer Charakter dagegen rathen kann, so bedenken Sie doch, daß ich Sie liebe, daß auch Sie mich einmal geliebt haben, daß ich Ihre Freiheit und Ihr Leben allen Vergnügungen der Welt vorziehe, und daß es Wonne für mich wäre, selbst in dem abgelegensten Winkel des Erdenrunds in Ihrer Gesellschaft zu leben." Ein Jeder kann sich leicht denken, wie sehr diese Unterredung unsern Helden überraschte. Aber noch konnte er die Ausführung nicht begreiffen; so lieb ihm auch seine Freiheit war, so schien sie ihm desto unmöglicher, je weniger er sie in seiner Lage hoffen konnte. Er versezte der Baronessin, daß Ihre Wünsche Befehle für ihn wären, und daß er alles zu thun bereit wäre, was ihre Zufriedenheit erforderte. Aber dem ungeachtet bat' er sie zu überlegen, daß ihn der Zorn seines Geschiks nichts Gutes hoffen ließ; daß sich wider ihn, selbst am Hafen, Stürme erhüben, und daß er troz ihrer täuschenden Worte noch nicht einsähe, auf wen sie sich eigentlich verlassen könnte. Er machte ihr den Offizier selbst verdächtig, auf den sie so viele Hofnung sezte, und sagte, seine Versprechungen könnten am Ende lauter Betrügereien seyn, um ihren Untergang mit dem seinigen zu vereinigen, und wehe ihr! wenn ihr Plan entdeckt würde. Alles, entgegnete die Baronessin, hätte sie wirklich in Erwägung gezogen, aber so sehr sie auch Trenk bat, ihm zu entdekken, auf welche Art sie ihn aus seinem Kerker bringen wollte, so weigerte sie sich doch immer, ihm Genüge zu leisten, unter dem Vorwand, daß die Ausführung noch nicht reif wäre, und daß er zu seiner Zeit alles erfahren sollte, wenn er ihr die Anordnung überlassen würde. Trenk mußte also schweigen, und sich einstweilen damit begnügen. Der Besuch der Baronessin unter dem Gewand eines jungen Arztes mochte ungefehr eine halbe Stunde gedauert haben. Sie spielte ihre Rolle, ungeachtet sie nicht für sie gemacht war, vortreflich, und solang sie im Zimmer war, ließ sich der Offizier nirgends erblikken, welches unsern Helden in der Meinung bestärkte, daß er Theil an dem wichtigen Geheimniß haben müßte. Aber dem ungeachtet hatte er noch immer Argwohn, es möchte irgend etwas schlimmes dahinter stekken. Drei Tage lang ließ sich der junge Arzt nicht sehen, und Trenk bekam nicht die geringste Nachricht von ihm. Endlich nach Verfluß derselben trat um Mitternacht jemand in sein Zimmer. Die Baronessin? meint ihr, warlich das wäre zu viel gewagt gewesen. — „Warum?" Fragen Sie sich selbst, mein Herr!

Sechsunddreißigstes Kapitel.

Worinn der Held sein Leichengesang liest, und durch seine eigene Augen überzeugt wird, daß er gestorben sei.

Lauschend strekte der Obriste seinen Kopf aus der Dekke hervor, als seine Thüre leis eröfnet ward, und sah zwischen Schlaf und Wachen den Offizier hereintreten, der ein schwaches Licht in der Hand hielt, und nachdem er die Thüre zugeschlossen hatte, sich zu ihm aufs Bett sezte, und also zu reden begann: „Baron! wir sind alle Menschen; keiner weis, was ihm begegnen kan, und das Mitleid mit dem Schiksal anderer, scheint uns angebohren. Sie verdienen es mehr als einer, und ich fühle einen innern Trieb in mir, Ihnen Proben davon zu geben. Sie sollen durch mich die Freiheit erhalten, troz der Gefahren, denen ich mich durch meine Dienstfertigkeit aussezze, und ich glaube ein Mittel ausfindig gemacht zu haben, ihre Rettung zu bewürken, ohne daß meine Ehre in den Augen der Welt darunter leidet. Baroneßin Lestoch wird ihnen bereits meine mitleidigen

Absichten entdekt haben. Ihre Thränen haben mich zu diesem Schritte bewogen, noch mehr aber, Ihre eigene erbarmungswürdige Lage. Ganz Wien und Brünn ist durch das Gerücht hintergangen, daß Sie an Ihrer Krankheit gestorben wären. Das Gerücht hab ich verbreitet, und der Arzt hat es bekräftigt. Da Sie Ihre Feinde für todt glauben, so hören sie auf, Sie zu verfolgen, und ihre Freunde trösten sich damit, daß Sie nun allem Uebel, das Sie noch erwarten könnte, entgangen sind, und daß man Sie würklich für todt hält, kan Ihnen dieser Leichengesang, den Ihre Freunde im Namen Ihrer Panduren drukken ließen, beweisen. Zugleich stellte er ihm denselben zu. Er war folgenden Innhalts:

Klagen der Panduren
über den Tod ihres Obristen.

O weh! O weh! er ist nicht mehr,
Der Führer ist dahin —
Gesunken nun in Todesnacht,
Der uns so oft entflammt, zur Schlacht
Mit kühnem Mut zu ziehn.

Nun flammt das blizzende Gewehr
Nicht mehr in starrer Hand,
Nun schwingt er keine Fakkel mehr;
Nun schmeichelt unserem Gehör
Nicht mehr sein Wort: „Zum Brand!"

O weh! der Führer ist dahin,
 Der oft in stiller Nacht,
Kühn mitten durch der Feinde Schwall
Zu Vestungen und auf den Wall
 Als Sieger uns gebracht.

Der wild wie Mars, der Kriegesgott,
 An unsrer Spitze zog,
Und schnell: „haut ein! haut ein!" uns rief,
Und schnell, so wie er's sagte, tief
 Ins Herz der Feinde drang.

Der uns in manches Parables
 Nach hartem Kampf gebracht,
Und folgte unserem Allah,
Das süße Wort: Viktoria!
 Uns manches Fest gemacht.

Ach! daß er nicht im Schlachtgefild
 Den Tod der Ehre starb!
Nicht starb im wilden Schlachtgewühl,
Und nicht an seiner Tage Ziel
 Sich neuen Ruhm erwarb!

Ach! daß er, unser Führer, den
 Nicht stürzte Schwerdter Schlag
Des Feinds im ofnen Schlachtenfeld,
Daß ach —! dem Neid zuletzt der Held
 Im Kerker unterlag!

Ach! deiner unwerth war der Tod,
 Der dich im Kerker fand,
Nur sterben solltest du geziert
Mit Lorbeern, dir hätt' es gebührt,
 Den Tod fürs Vaterland.

Doch ach! wir schweigen. Aber wer,
 Wer führt uns nun? sprecht! wer?
Nur er war würdig, Er allein,
PandurenObrister zu seyn,
 Und nach ihm keiner mehr.

>Längst, wenn die Welt dich nicht mehr nennt,
>Und alles wandelt sich,
>Soll der Pandur dich nennen doch,
>Und deine Asche segnen noch,
>Und preißen, Vater, dich! — —

Trenk, dem vielleicht allein die sonderbare Ehre wiederfuhr, sein Leichenkarmen noch selbst zu lesen, durchlas es innigst gerührt, und steckte es mit diesen Worten zu sich: „Nun muß ich ja wol selbst glauben, daß ich gestorben bin, da ich es gedrukt mit meinen eignen Augen gelesen habe aber ich bitte Sie, fahren Sie mit Erklärung ihres Plans fort, der für mich von äusserster Wichtigkeit ist." — „Wenn Sie also" fieng der Offizier wieder an, „aus diesem Kerker entkommen wollen, so haben Sie weiter nichts zu thun, als sich auf einige Stunden todt zu stellen, so lang bis sie an einen andern Ort, unter dem Vorwand, Sie beerdigen zu lassen, gebracht sind. Ich selbst werde überall zugegen seyn, und damit niemand den Betrug merke, werde ich Sie in eine Bahre einschliessen, und an einen Ort hinführen lassen, wo Sie die Baronessin erwarten, aus ihrem Kerker entledigen — und durch die Flucht, wozu sie schon alle Mittel vorgekehrt hat, retten wird. Aber das lassen Sie sich gesagt seyn, verbergen Sie sich in den äussersten Winkel Europens, daß niemand je erfahren kan, daß Sie noch am Leben sind, und bedenken Sie, daß von ihrem Stillschweigen die Ehre und das Leben eines Mannes abhängt, der Ihnen zu lieb alles aufs Spiel sezt, und welcher sich auf Sie als einen Mann von Ehre verlassen zu dürfen glaubt. Mit diesen Worten verließ er unsern Helden, ohne eine Antwort abzuwarten, und Trenk blieb gegen eine halbe Stunde in einem Zustand, den wir inzwischen mit dem eines Träumenden vergleichen wollen, bis uns ein passenderes Bild gelegenheitlich beikommen wird.

Siebenunddreißigstes Kapitel.

Worinn sich der Held selbst in die Bahre legt, und sonderbare Anmerkungen über sich mit anhört.

Endlich aber kam er wieder zu sich selbst, aber je mehr er dem Plan nachdachte, den man zu seiner Rettung ersonnen hatte, desto abentheuerlicher fand er ihn. Zwar schien ihm die Ausführung demungeachtet nicht unmöglich, um so mehr, da ihm die Worte des Zigeuners „Freiheit wirst du durch die Bahre finden" — wieder einfielen. Ob er dieselbe aber im rechten Sinn genommen habe, wird die Folge zeigen — genug sie bestärkte ihn in einem süssen Wahn, ungeachtet er die Erfüllung oder die Möglichkeit desselben noch nicht deutlich einsah. Der Offizier hatte ihn in einer Lage verlassen, die freilich nicht ganz beruhigend für ihn seyn konnte. Er schmeichelte sich deßwegen immer, daß jener zurückkehren würde, ihm noch weiter zu entdekken, und brachte, in vergeblicher Hofnung die ganze Nacht schlaflos zu. Endlich bei der Morgendämmerung hörte er, daß man die

Thüre seines Kerkers aufschloß. Bei dem ersten
Geräusche der Schlüssel wußte er nicht, was er
thun solte, aber endlich, da er merkte, daß aus
seinem Traum Ernst werden dürfte, so wolte er sei=
ner Rettung keine Hindernisse in den Weg werfen,
und legte sich in einer solchen Stellung auf das
Bett hin, hielt den Athem an sich, und stellte sich,
als ob er wirklich todt wäre. Nun trat der Offizier
herein. Zwei Bediente folgten ihm, welche eine
Bahre trugen, und dieselbe mitten in dem Zimmer
niederstellten. Ungeachtet Trenk nichts von alle
dem sah, was um ihn vorgieng, da er die Augen
vest verschlossen hielt, so mutmaßte er doch, was
das wäre, und fieng an, einige Hofnung zur
Freiheit zu schöpfen. Die Bediente wurden fort=
geschikt, etwas herbeizuholen. Als sie aus dem
Zimmer waren, und sich der Offizier allein sah,
rief er unsrem Helden zu: „Bravo, fahren Sie
fort sich todt zu stellen, nur so lange bis Sie in
die Bahre verschlossen sind, und Sie weiter trans=
portirt werden. Es ist an derselben ein Luftloch
angebracht, daß Sie frei athmen können, und
überdis müssen Sie sichs gefallen lassen, eine oder
zwei Stunden Ungemächlichkeiten zu erdulden, da
es darauf ankömmt, Freiheit und Leben zu erhal=
ten. Und nun legen Sie sich eilends in die Bah=

re, ehe meine Bediente zurükkommen. Ich werde Sie sodann bereden, daß inzwischen andere Leute da gewesen wären, welche Sie dahin gefördert hätten." Stillschweigend gehorchte Trenk, und hatte noch Zeit genug, sich in die gehörige Positur zu sezzen, als die Bediente zurükkamen. Trenk — in Leichentracht, dem Krankheit und Aerger ohnehin das Rot von den Wangen gewischt hatten, glich einem Todten vollkommen und täuschte die Bediente leicht. „Da schaut noch einmal, den braven Pandurenobristen," rief er seinen Bedienten zu, „bedauert sein Schiksal, und schraubt die Bahre zu." Die Bediente gehorchten, weinten eine Zähre des Mitleids über ihn und verschloßen den Sarg. Bald kamen auch andere Personen, sprachen von dem Verstorbenen, und Trenk hatte die Freude und den Verdruß unpartheiisches Lob und Tadel über sich zu hören, da niemand mehr Ursache hatte sich zu fürchten. Freilich kamen mitunter auch solche gehässige Anmerkungen über seinen Lebenswandel vor, daß er beinah die Rolle, die er spielte, vergessen, und ihnen laut zugerufen hätte: Schurken! wenn ihr über mich schimpfen wolt, so geht ein wenig weiter von meiner Bahre hinweg, daß ich nicht den Verdruß haben muß, es anzuhören. Zum Glük erinnerte ihn der Todtengeruch des Sargs an seine Nase bei rechter Zeit wieder, und er verbiß den Schmerzen in der Stille. Endlich giengen auch diese fort, und Trenk merkte, daß er allein im Zimmer wäre. Aber die unbequeme Lage ward ihm nun je länger, desto unerträglicher, und jeder Augenblik schien ihm ein Jahrhundert. Was ihm die Brust noch mehr beklemmte, war der schrökliche Gedanke: wie wenn der Offizier ein Schurke und deine Feinde bestochen wären, dich lebendig begraben zu lassen? — Beinah hätte er es nicht länger ausgehalten, wenn nicht der Offizier allein ins Zimmmer getreten wäre, und seine schrökliche Zweifel durch die bündigste Gründe widerlegt hätte. Endlich erschien der von unserm Helden sehnlich erwünschte Abend. Der Sarg wurde mühsam durch die Wendeltreppen des alten Thurms hinabgebracht und einer von den Trägern hatte sogar den freilich unserm Helden nicht sonderlich behaglichen Vorschlag gemacht, man solte den Sarg an Seilern durch die Fenster hinunterlassen, welches natürlich der Offizier verhütete. Unten wurde der Sarg auf einen Wagen geladen, und auf einen etwas entfernten Kirchhof geführt, wo der Offizier vorgab, Befehl zu haben, ihn beerdigen zu lassen. Niemand begleitete die Leiche als der Offizier und ein

einziger Bedienter. Als sie an dem benannten
Kirchhof etwas spåt in der Nacht ankamen, wur=
de der Sarg einstweilen vom Karren abgeladen,
der Fuhrmann entlassen, und der Bediente, noch
die zur Beerdigung erforderliche Leute herbei zu
holen, abgeschikt. Der Plan war vortreflich ange=
legt. Während dem der Offizier allein war, wolte
er den Sarg aufschrauben, den Baron befreien,
den Sarg mit Erde, welche Lestoch schon in Såk=
ken dahin gerüstet hatte, anfüllen — und statt des
Pandurenobristen Erbe in Erde begraben lassen.
In einiger Entfernung harrte die Baronessin mit
einer Postchaise, mit dem geretteten Gefangenen
nach Holland oder England — kurz in ein Land
der Freiheit sich zu flüchten. Trenk schmachtete
sehnlich nach dem frohen Augenblick, aus seinem
Kerker zu entkommen, der Offizier fieng schon an
den Sarg aufzuschrauben, Trenk schöpfte schon halb
frische Luft und Freiheit, als auf einmal — doch
das verdient ein eigenes Kapitel.

Acht und dreißigstes Kapitel.

Worinn endlich eine Person einen Mann bekömmt, der ihr dreimal versagt worden war.

— statt der erwarteten Helfer zur Beerdigung eine Schaar Soldaten anrükte. Erschrokken eilte der Offizier von dem halbaufgeschraubten Sarge hinweg, überlies, für seine eigene Haut besorgt, den Pandurenobristen dem Schiksal und flog zur Baronessin, die bei der Nachricht, die er überbrachte, beinah in Ohnmacht gesunken wäre. Hier hätten wir die beste Gelegenheit, die Baronessin von dem tragikomischen Lustspiel, da wir ihrer Hülfe nicht mehr bedürfen, abtreten zu lassen. Denn wahrscheinlich wär' es, daß sie vor plözlichem Schrekken gestorben wäre, wahrscheinlich, daß man aus dem Sarg den lebenden Bräutigam herausgerissen, und, weil schon alles gerüstet war, sie in den nemlichen Sarg und in das offene Grab gelegt hätte, und wir hätten uns keinen Skrupel zu machen, wenn wir das scheinbare Leichenbegängniß in ein würkliches verwandelten; allein da wir theils der empfindsamen Leserin das Mitleid und die Thränen über ein so trauriges Schiksal der Baro-

neſſin erſparen wollen, theils auch die Baroneſ=
ſin in der That den Tod nicht verdient, ſo ſoll
ſie leben, und unſer Held mag indeß in ſeinem
Sarge ruhig bleiben, bis wir zuvor das gänzli=
che Schikſal der Baroneſſin entſchieden, und für
die Dienſte, die ſie durch ihre Perſon in dieſer Geſchichte geleiſtet, nus höflich bedankt, und auf ewig,
da ſie nun füglich vom Schauplaz abtreten kan,
von ihr Abſchied genommen haben werden.
„Wir ſind verloren,“ rief ihr der beſtürzte Offizier
zu, „wenn wir uns nicht eiligſt durch die Flucht
retten. Trenks Schikſal iſt zu beklagen, aber er
iſt nicht mehr zu retten. Ihnen, Madame, kommt
es nun zu, auf Ihrer Hut zu ſeyn, da Sie ein
ähnliches Schikſal erwartet, Ihnen kommt es zu,
mir Leben und Freiheit zu erhalten, da ich beides
für Ihren Trenk gewagt habe. Mit Recht kann ich
das von Ihnen fodern, da ich alles Ihnen zu lieb
unternommen habe, oder wollen Sie lieber zwei
Perſonen unglüklich machen, da ſie das Unglük einer
Einzigen nicht lindern können?“ „Nein, mein
Herr,“ erwiederte die Baroneſſin, „ſo niederträch=
tig bin ich nicht, ihren Tod zu wollen, aber ach!
was wird aus dem armen Trenk werden?“ „Ihre
Klagen ſind umſonſt“, unterbrach ſie der Offizier,
„ſo wie Ihre Hülfe. Seine Bahre iſt von einer

Schaar Soldaten umringt, die auch uns, da der ganze Plan verrathen ist, aufzusuchen nicht ermangeln werden. Auf, Madame, laßt uns von hinnen eilen!" Während der Offizier dieses sagte, schienen schon einige Soldaten näher zu kommen. Allein die Geschwindigkeit des Postillons entrieß sie bald der Gefahr, gefangen genommen zu werden, und in kurzer Zeit waren sie über den Grenzen. Die Baronessin weinte den ganzen Weg über, und schien über den Verlust Ihres Trenks untröstlich. „Fliehen will ich," sagte sie, „die Welt, und in stiller Klostereinsamkeit den Rest meiner betrübten Tage enden. „Was auch der Offizier dagegen sagte, war fruchtlos. Sie beharrte auf Ihrem Entschluß. Der Offizier, dem Kupido einen seiner gewöhnlichen Streiche gespielt hatte, gab sich alle Mühe erst das Vertrauen der Dame zu gewinnen, und das weitere dacht' er als Weiberkenner, würde sich von selbst geben. Er erzeigte ihr unterwegs alle Gefälligkeiten, und sympathisirte sogar mit ihren Thränen. Die Baronessin sah die schönste Thräne im Auge des Offiziers glänzen, sah sie mit Wonne, sah das drittemal und siehe! Amors Meisterstük war vollendet. — Ohne ihrer Leidenschaft von Grad zu Grad zu f..gen, um den Leser nicht zu ermüden, sagen wir

nur, daß Dankbarkeit in Freundschaft, und
diese gar bald in die heftigste Liebe übergieng. Die
Baronessin gab den Gründen des Offiziers nach,
und sah endlich ein, daß es besser wäre, ihre Hand
einem freien Mann zu geben, als dieselbe einem
Gefangenen, der wahrscheinlich nie wieder seine
Freiheit erhalten dürfte, aufzusparen, und kinder=
los aus der Welt zu wallen. Ausserdem glaubte
sie auch darinn, daß ihre Heurath das drittemal un=
terbrochen worden war, einen Grund zu finden, der
ihren Schritt genugsam entschuldigen könnte. Denn
sie schloß so: der Himmel weiß, was jedem Men=
schen gut ist, nun da er meine Heurath mit Trenk
zum drittenmal unterbrochen hat, so ist das
ein klarer Fingerzeig, daß er sie nicht gebil=
ligt hat. Man mus sich in den Willen des
Himmels fügen, und kein Sterblicher darf es wa=
gen, demselben zu trozzen. Sie sehen hieraus,
meine liebe Leser, daß die Damen, ohne das Bar=
bara celarent, gelernt zu haben, die bündigste
Schlüsse zu machen verstehen, wenn es darauf
ankömmt, irgend eine ihrer Handlungen, entwe=
der vor sich selbst oder in den Augen der Welt zu
entschuldigen. Kurz sie schikte sich, wie es einer
guten Christin geziemt, in den Willen des Himmels
und des Offiziers, empfal den unglüklichen Trenk

dem Schuzze der heiligen Jungfrau, und folgte Hymens hochzeitlicher Fakkel, sobald sie mit ihrem Offizier in Holland angelangt war. Da sie ihr ganzes Vermögen mit sich genommen hatte, welches ziemlich beträchtlich war, so konnte sie dort sehr bequem leben. Sie kaufte sich ein vornehmes Landgut, lebte in der Stille, vom Geräusche der Welt abgezogen, zeugte Söhne und Töchter, und schwur, nie wieder in einer tragischen Geschichte durch irgend ein Abentheuer eine Rolle zu übernehmen.

Neununddreißigstes Kapitel.

Worinn der Held der Geschichte nochmals auflebt, aqua toffana zu sich nimt, und der Pandurenobriste als Kapuziner, selig wie wir hoffen, dahinstirbt.

Während also die Baronessin mit dem Offizier Holland zueilte, befand sich Trenk in der beklemtesten Lage von der Welt. Verlassen von dem Offizier fühlte er sich dem Gespötte der Soldaten Preiß gegeben, die seinen Sarg umringten. Umsonst bat er sie, ihn lieber zu ermorden, als ihn länger in diesem engen Kerker zu laßen, oder gar auf den Spielberg zurükzubringen. „Nein! rief ihm eine drohende Stimme zu." Der Tod wäre eine Wohlthat für dich. Du hast sie nicht verdient, nicht an mir, nicht an meinem alten 70. jährigen Vater, nicht an meiner tugendhaften Braut, die du bei Chamb mit eigenen Händen, meiner flehentlichen Bitten ungeachtet über die Brükke hinunterstürztest, nachdem du leztre — ach! ich mag's nicht wiederholen. Du hast die schwarze That volbracht, und ich habe dir von jenem Augenblik an, blutige Rache ge-

geschworen. Du zwangst mich östreichische Waffen zu nehmen. Ich nahm sie gern, weil ich Gelegenheit zu bekommen suchte, dir unbemerkt eine Kugel durch den Kopf zu jagen. Es glükte mir nicht, da ich unter ein anderes Regiment gestossen ward. Ich habe mit Ehre alle bisherigen Feldzüge mitgemacht, aber in dem lezten Treffen ward ich zum Krüppel geschossen. Demungeachtet folgte ich dir nach Wien, hinkte dort auf Krükken herum, und lebte von Almosen, das mir mitleidige Menschen, wenn ich ihnen mein Unglük und deine Schande erzälte, reichlich mittheilten. Glaube mir, mein Schiksal hat dir viele Feinde gemacht. Du wurdest in Verhaft genommen. Ich freute mich eines Theils, andern Theils aber schmerzte es mich, daß mir nun alle Wege zur Rache abgeschnitten seyn solten. Fast wäre ich einmal im Stokhauß dein Nachbar geworden, da mir der flüchtige Beirach mit Gewalt seine Kleidung aufdrang. Auf meinen Krükken hinkte er zur Freiheit, ich wurde eingezogen, da man mich aber als einen berüchtigten Bettler kannte, wieder losgelassen. Bald hernach erscholl das Gerüchte von deiner Hinrichtung. Mir war es süsser als Orgelton, und ich hätte gerne, wenn es an Holz gemangelt hätte, die Bretten zu deinem Schaffot mit Gefahr meines

Lebens gestolen. Zu meinem größten Aerger wurde das gerechte Urtheil aufgehoben, und du kamst auf den Spielberg. Noch war meine Rache nicht befriedigt. Ich hinkte nach Brünn, Nachricht von dir einzuziehen. Von ohngefehr kam ich zu betteln in das Haus deines Arztes, der in einem Nebenzimmer mit Madame Lestoch den Plan zu deiner Flucht abredete, ohne mich im Vorzimmer gewahr zu werden. Ich verlangte nun kein Almosen mehr, eilte zur Obrigkeit, und verrieth den ganzen Plan. — Meine Rache ist nun befriedigt, da du durch mich auf den Spielberg zurükwandern mußt. Ich nahm dir nun auf immer die Freiheit — du nahmst mir alles. Ohne dich wär' ich ein begüterter Mann, lebte zufrieden mit meinem Weibchen und Kindern, und hätte glükliche Tage. So aber bin ich durch dich ein Bettler — und ein Krüppel — du aber wirst durch mich nur ein Gefangener, aber auf ewig." — „Genug, Plagegeist," schrie ihm Trenk aus der Bahre zu, „wann wirst du enden, mich zu martern? Seid barmherziger als ich, und gebt mir den Tod." „Wer selbst kein Mitleid hat, verdient keins," war die Antwort, und ohne sich weiter mit ihm einzulassen, wurde die Bahre wieder aufgeladen, und Trenk in derselben auf den Spielberg zurükgeführt. Halbunmächtig und beinah erstikt hob man ihn in seinem alten Zimmer aus dem engen Kerker, aber eben so gesegnet würde er die Hände haben, die ihn noch eine halbe Stunde in dem Sarg gelassen hätten, als er sie nun verfluchte." Henker! euch lohne der Fluch der Hölle, die ihr mich in ein Leben erwekt, das mir ärger als der Tod ist." — Stillschweigend verließen ihn seine Begleiter in seinem Kerker, und Trenk wütete wie eine Löwin, der man die Junge geraubt hat, biß er endlich an Kräften erschöpft halb unmächtig auf seine Lagerstätte niedersank, die er nie wieder zu sehen gehoft hatte. Endlich schlief er ein, aber Bilder der Verzweiflung schrökten ihn bald wieder aus seinem Schlummer. Er verfluchte sich, die Mutter, die ihn gesäugt, und den Vater, der ihn gezeugt hatte, und schwur der ganzen Welt ewigen Haß. Selbst seinem Vetter, wolte er nach seinem Tode noch einen Streich spielen. Er wußte, daß dieser sogleich die Verlassenschaft seines Vaters, des verstorbenen Commendanten zu Leitschau, fordern, und sicher erhalten würde. Dieser hatte bereits im Jahr 1723. die Herrschaft Prestowacz und Pleterniza in Sklavonien von seinen aus Preussen erhaltenen Familiengeldern erkauft, und noch bei seinen Lebzeiten hatte der Sohn mit

40,000. Gulden aus des Vaters Capitalien die Herrschaft Pakraz erhandelt. Diese 3. Herrschaften waren also Güter, die auf den Preussischen Trenk, weil ihn der Commendant seinem Sohne, im Fall er ohne Erben stürbe, per testamentum substituirt hatte, directe devolvirt wurden, und worüber er so wenig, als über die übrigen ererbte Gelder, Mobilien, und Häußer seines Vaters testiren noch klauseliren konnte. Sein eigenes erworbenes Vermögen stand in administration, über 100,000. Gulden waren schon auf den Proceß verwendet worden, und 63. Civilprozesse waren noch würklich gegen ihn bei Gericht anhängig. Nun wolte er auch noch gerne gegen 80,000. Gulden Legate vermachen. Wann aber der preussische Trenk seine bona avitica vom Vermögen wegziehn, sich aber der anhängigen 63. Processe gegen die Masse nicht annehmen würde, so sah er wol ein, daß für seine Legatarien wenig oder gar nichts übrig bleiben würde. Er errichtete deßwegen ein doloses Testament, um seinen Vetter, da er selbst nicht mehr glüklich werden konnte, auch nach seinem Tod noch unglüklich zu machen, wie er sich selbst gegen den Baron Kottulinsky ausdrükte: „Ich sterbe mit Freuden, daß ich meinen Vetter noch nach meinem Tode chikaniren und unglüklich machen

kan." Und in der That hat er hierin würklich sei=
nen Zwek erreicht, wie jeder Leser in der Lebens=
geschichte des preussischen Trenks nachschlagen kan.
Der Pandurenobriste ernannte zwar seinen Vetter
allein zum Universalerben, aber gedachte mit keiner
Sylbe des väterlichen Testaments, das ihm die
Hände band, vermachte gegen 80,000. Legaten und
Stiftungen, und schrieb seinem Vetter, wenn er
Erbe seyn wolte, folgende Bedingungen vor, daß
er 1) die katholische Religion annehmen 2) keinem
andern Herrn als dem Hauße Osterreich dienen
solte, und 3) machte er die ganze Verlassenschaft,
ohne das väterliche Vermögen auszunehmen zum
fidei commiſs. — Nachdem der Pandurenobriste auch
diesen Verrätherstreich gespielt hatte, so sann er
nur noch auf die Art, wie er durch irgend eine
auffallende Handlung seine Rolle enden könnte,
die er nun nimmer Lust hatte, weiter fortzuspielen.
Der lezte Stral von Hofnung seine Freiheit oder
das verlorne Geld wieder zu erhalten, war ver=
schwunden. Beides brachte ihn zur Verzweiflung.
Seinen unbegrenzten Ehrgeiz konnte er als Krie=
ger nicht mehr befriedigen, ihm blieb also nichts
übrig, als die Rolle eines Heiligen in einer Ka=
puzinerkutte, welchen Orden er sein Lebenlang ge=
schäzt hatte, zu spielen. Aber diß zu bewerkstel=

ligen, mußte seiner Todesart auffallend seyn, und hier leistete ihm das aqua toffana, dessen Geheimniß er verstand, vortrefliche Dienste. Drei Tage vor seinem Tode, da er noch volkommen gesund war, ließ er dem Commendanten sagen, er wolle seinen Beichtvater nach Wien schikken, und der heilige Franciskus habe ihm geoffenbaret, er würde ihn an seinem Namenstage um 12. Uhr in die selige Ewigkeit abholen. Man schikte ihm den Kapuziner, den er nach Wien abfertigte, und lachte über die plözliche Frömmigkeit eines Mannes, der von jeher gar keine Religion gehabt hatte, noch mehr über die Bekanntschaft, die der Heilige Franciskus mit einem Atheisten pflegen solte. Den Tag nach des Beichtvaters Abreise sagte er: „Nun ist meine Reise auch gewieß. Mein Beichtvater ist todt, und mir bereits erschienen." Seine Aussage bestätigte sich. Der Kapuziner war wirklich gestorben." Die Auflösung des Räthsels, „sagt der preußische Trenk, ist diese, welche mir allein gründlich bekannt ist: Seinem Beichtvater, den er nach Wien schikte, hatte er alle Geheimnisse vertraut, und ihm viel Kleinodien und Wechselbriefe mitgegeben, die er auf die Seite schaffen wolte. Ich weiß positive, daß er einem sichern großen Prinzen damals seine

Wechsel zu 200,000. Gulden zurükgeschikt und
caſſirt hat, der mir als rechtmäßiger Erbe kei=
nen Groſchen wieder gab. Der Beichtvater aber
ſolte außer Stand geſezt werden, ihn jemals zu
verrathen. Deßwegen gab er ihm die Giftdoſin
in dem Leibe mit auf den Weg, und der gute
Kapuziner wurde den andern Tag todt gefunden.
Er ſelbſt nahm nun gleichfals eine Doſin von
dem Gifte zu ſich, ſo daß er nach deſſen Wür=
kung die Stunde ſeines Todes vorausbeſtimmen
konnte. Nun ließ er die Offiziers der Brünner
Garniſon zuſammen kommen, ſtiftete eine Kapelle
und eine ewige Meſſe über ſeinem Grabe, und
vermachte den Kapuzinern eine Summe von
6000. Gulden. Als diß fromme Werk vollendet
war, ließ er ſich als Kapuziner tonſuriren, in die
Kutte einkleiden, beichtete öffentlich, hielt eine
ſtundenlange Predigt, worinn er alle zum Heilig=
werden aufmunterte, und ſpielte den aufrichtig=
ſten Büſſer. Dann umarmte er ſie alle, ſprach
lächelnd von der Nichtigkeit der Erdengüter,
nahm Abſchied, und kniete nider zum Gebet.
Als er eine halbe Stunde gebetet hatte, ſchlief
er ein wenig ein, ſtand auf, kniete hin und
betete wieder. Um 11. Uhr Mittags nahm
er die Uhr in die Hand und ſagte: „Gottlob!

meine Stunde nahet." Einige waren voll Erwartung, andere lachten über das Gaukelspiel des sonderbarsten Manns in seiner Art. Endlich bemerkte man, daß sein Gesicht auf der linken Seite weiß wurde. Nun sezte er sich an den Tisch mit aufgelehnten Arm, betete, und blieb dann ganz still mit geschloſſenen Augen. Es schlug 12. Uhr, und der Panduren=Obriſte war würklich mit dem lezten Glokkenschlag verschieden. Die Zuschauer, die das Räthsel nicht wußten, waren voll Erstaunen, und bald erscholls im ganzen Land, der heilige Franziskus hätte den Pandurentrenk in den Himmel geholt. So starb dieser sonderbare Mann, den 4. Oct. 1749. im 38. Lebensjahre, seines Alters, der wilde Krieger, und die Geiſſel der Baiern und Franzosen, als ein heiliger Schurke. Lange aber wird es noch anstehen, bis sich die Baiern entschließen werden, in ihren Litaneien zu beten: Sancte Trenck, ora pro nobis. Hätte der Pandurenchef Trenk eine Krone getragen, er würde vielleicht Cäsars Rolle mit Amurats Säbel gespielt haben." Und mit dieser richtigen Schilderung seines Vetters wollen wir auch die unsrige beschloßen haben, und nur noch zu guter Lezte, mit den geneigten Lesern und Leserinnen ein Wörtchen sprechen, wenn Sie anders die Gefälligkeit haben wollen, das lezte Kapitel nicht zu überschlagen, ungeachtet wir nicht behaupten, daß das Ueberschlagen desselben eine Unterlassungssünde seyn dürfte.

Vierzigstes Kapitel.

Welches als Epilog anzusehen ist, und worinn der Autor sich verabschiedet.

So hätten wir dann, geliebte Leserinnen
Und werthe Leser, das tragi=komische Spiel, —
O krönte nur ihr Büfall unser Beginnen! —
Nach manchem Ebentheuer zum Ziel
Doch endlich gelenkt, und unsern Ehrenman
Von seiner Geburt und zarten Jugend an,
Durch alle Scenen seines Lebens
Hindurch begleitet, und ihn nun,
Nachdem das süsse Wort der Freiheit ihm vergebens
Geschmeichelt, troz des eifrigen Bestrebens
Der braven Lestoch, um ewig auszuruhn,
Von allen Strapazzen, die er erlitten,
Von manchem harten Kampf, den er
Theils unter Mavors Fahne, theils noch mehr
In Venus Schlachtgefild erstritten —
Kurz: von der Amm' an, die ihn mit grosem Unbedacht,
Beinah durch Feuer umgebracht,
Biß zu dem Todengräber und in die Schacht
Der kühlen Muttererde gebracht.

Dort mag er ruhn, viel weicher als auf Daunen,
Biß er nach einer langen Nacht
Beim Schall der schmetternden Posaunen,
Aus seinem tiefen Schlaf erwacht.
Im übrigen wolle dann des armen
Und großen Sünders, troz der Kapuzinertracht,
Der heilige Franziskus sich erbarmen,
Dem er das lezte Compliment gemacht.

Die übrigen Personen sind, so viel
Wir selbst uns schmeicheln, zu schiklichen Stunden
Im tragi=komischen Spiel
Vom Schauplaz wieder hinweggeschwunden,
Und selbst die Baronessin hat am Ziel
Für ihren Topf noch einen Dekkel gefunden.
Denn unbarmherzig wär' es so wol für sie gewesen,
Als alle die, so dieses Büchlein lesen,
Wenn man die Baronessin für jede Müh,
Für ihre standhafte Treue, die sie
Dem Helden und uns erzeigt, statt einem Hochzeitbette
Dem Kirchhof überliefert hätte.

Und nun, da bereits die Hauptpersonen
Verschwunden sind, so halten wir,
Für nöthig, Ihrer Gedult zu schonen, —
Wenn anders Ihre Gedult und Ihre Lesebegier

Sie nicht verlaſſen hat, durch alle drei Bände
Sich durchzuwinden, — uns mit ſchiklicher Manier
Nun gleichfals wieder in unſere vier Wände
Zurükzuziehn; O wärs mit der Verſicherung,
Daß dieſes Werk vor Kennern Gnade fände,
So wären wir belohnt genung!

Zwar läßt das Urtheil gewiſſer Herrn
Nichts weniger, als dieſen Lohn uns hoffen.
Allein, wer hat je Aller Gusto getroffen? —
Und — mit Permiß! — wir lachen gern.

Doch haben wir nie, wie man zur Schuld uns giebt,
Des Helden Lob zu ſehr gehuldigt,
Nie ſeine Laſter billigend entſchuldigt;
Zu lachen nur hat uns beliebt.
Und dann des Tadels ächte Gründe!! —
Seit wann iſt Scherz und Lachen Sünde?

Ob übrigens die ganze Geſchichte treu,
Und ohne fremde Ingredienzen
Authentiſch vorgetragen ſei,
Das iſt dem Leſer einerlei,
Der lachen will bei ſeiner Leſerei,
So fern's mit günſtgen Influenzen
Des Innhalts möglich iſt.

„Diß eben
„Vermissen wir,"„ erwiedern Sie,
„Denn gute Unterhaltung uns zu geben,
„Vermocht Ihr Büchlein selten oder nie,
„Und meistens waren wir im Falle,
„Drob zu erhizzen unsre Galle."

Das thut mir leid, Sie könnten gar
Ein Gallenfieber drob riskiren.
Welch eine schrökliche Gefahr,
Für unsre Republik, für unsre Schaar,
So weiße Herren zu verlieren!

Nein! schoner Sie Ihr kostbar Leben,
Und lassen Sie's, wer's wagen mag
Mit diesem Buch sich abzugeben,
Jedwedem frei. Der Sterbetag
Komt ohnehin zu früh. Was braucht's ihn zu beeilen!
Und Gallenfieber sind nicht allemal zu heilen. — —

Sie aber, meine Herrn und Damen,
Die günstiger in Ihrem Urtheil sind
Die meinen Sohn in ihre Obhut nahmen,
Und — (wissen's selbst, meist sind die Eltern blind
Bei ihrer Kinder gröbsten Mängeln,
Und schaffen sich ein Ideal von Engeln,)

Und — seine Fehler ihm verziehn,
Sie nehmen meinen lauten Dank dahin!

    Sie alle, die diß Büchlein sich zu kramen;
Ein guter oder böser Dämon trieb,
Sie grüßt der Mann, der es mit Lachen schrieb;
Sie segnet sein Verleger.
                    A m e n.

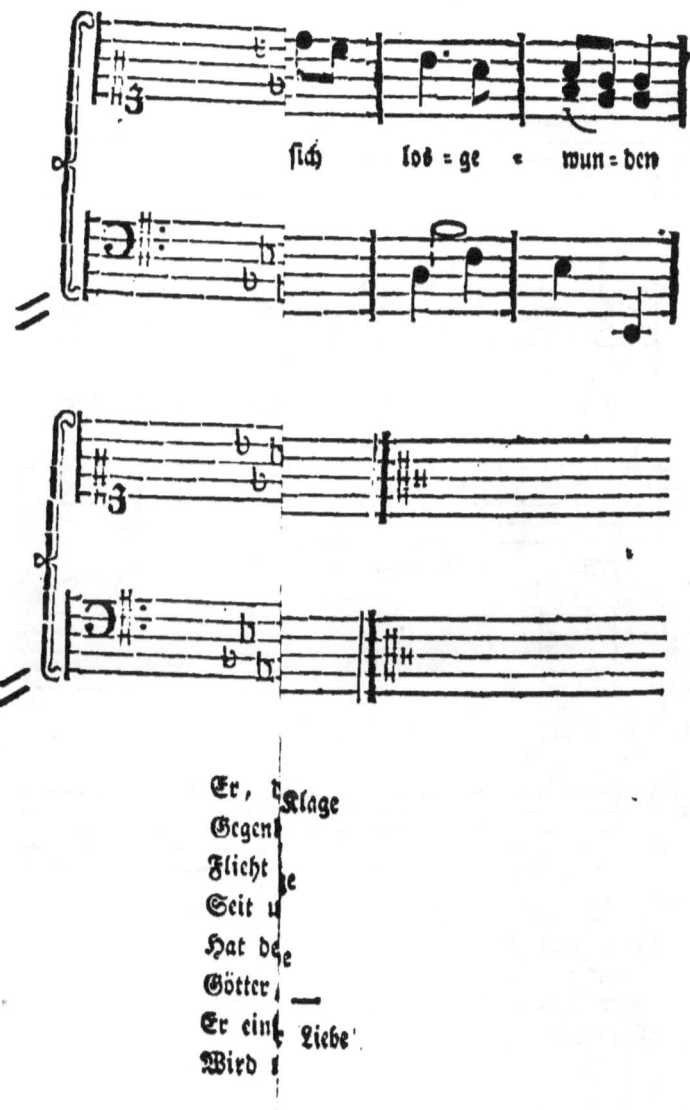

antino. Lohbauer.

Seite 76.

Frie = de um dein schlummern = des Ge =

wehe Arme Märty = rin der

Rinforz. Forte.

hen = stein!

Rauschet linder Friedenspalmen
Ueber ihrer Ruhestätte her!
Weinet eine fromme Zähre
Ihrer Asche noch zur Ehre,
Mitleidsvolle Wanderer!

Lohbauer

Allegretto.

Die schwarze Fackel dampfe um=

2.
Auf! Brüder! auf zum Brand!
Zum Brand, zum Brand, zum Brand, zum Brand!
In lichten Flammen lodre
Empor des Feindes Land!

4.
Brüder! auf zum Brand!
Schwarzen Wolken rauche
uns des Feindes Land!

5.
Auf! Brüder! auf zum Brand!
Zum Brand, zum Brand, zum Brand, zum Brand!
Was kümmern uns Gesetze
Wir sind in Feindesland

7.
Brüder! auf zum Brand!
Schwinget eure Fackeln
muthentglühter Hand!

IX

Chor. Brüderchen Eins zu trinken.

Jedes Mädchen solle leben,   bt mit Flügeleile
Das der Becher zärtlich macht, ach Genuß.
Das bei Küsse — nehmen — en wird zum Pfeile.
Freundlich uns entgegen lacht. heil' ein Kuß. —

    Brüder auf! die Mädche auf! die Mädchen winken,
    Küssend ihnen zuzutrinke ihren Arm zu sinken.

       Chor.   Chor.
Brüder auf! die Mädchen wi die Mädchen winken,
Küssend ihnen zuzutrinken. Arm zu sinken.

      Unsre W
      Die uns
      Und bei

www.ingramcontent.com/pod-product-compliance
Lightning Source LLC
Chambersburg PA
CBHW032109230426
43672CB00009B/1686